Matemáticas
MI VENTAJA

Recursos
de
enseñanza

Grado 1

Harcourt Brace & Company

Orlando • Atlanta • Austin • Boston • San Francisco • Chicago • Dallas • New York • Toronto • London

http://www.hbschool.com

Printed in the United States of America

ISBN 0-15-311267-0

1 2 3 4 5 6 7 8 9 10 085 2000 99 98

CONTENIDO

Información y gráficas

Tapetes

Otros recursos

Tarjetas de vocabulario

Matemáticas
MI VENTAJA

RECURSOS DE ENSEÑANZA

Esta sección incluye diferentes tipos de recursos de enseñanza para usar con las lecciones y las actividades de práctica en la *Edición del maestro*. Algunos de estos recursos podrían ser usados con las Tarjetas para el centro de aprendizaje.

Se incluyen recursos para las siguientes categorías:

- ▶ **Números y operaciones**
- ▶ **Dinero**
- ▶ **Tiempo**
- ▶ **Medidas**
- ▶ **Geometría**
- ▶ **Información y gráficas**
- ▶ **Tapetes**
- ▶ **Otros recursos**

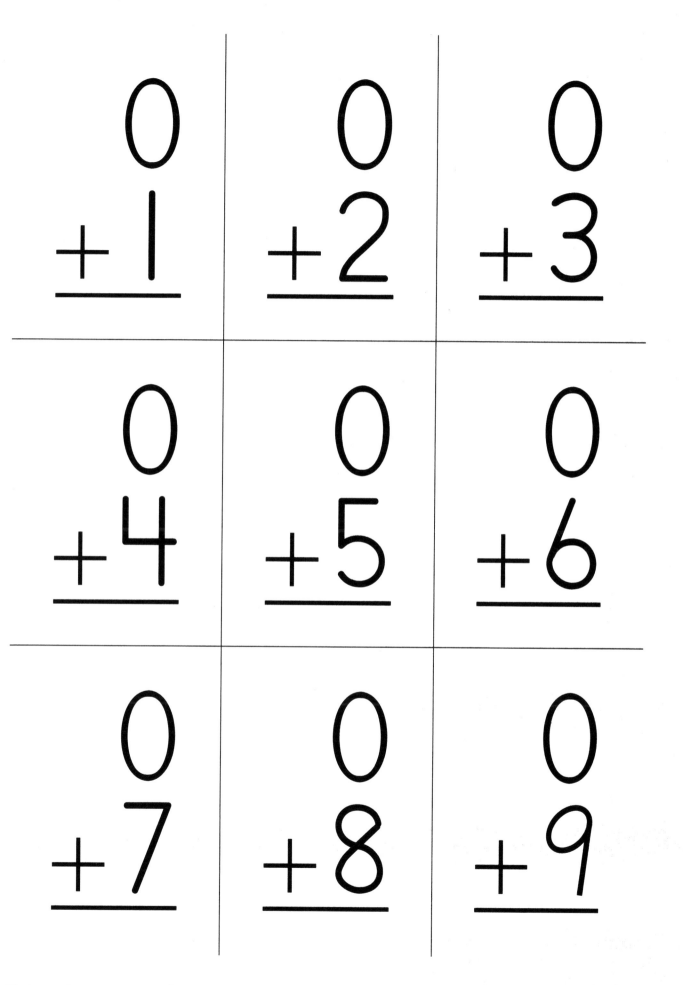

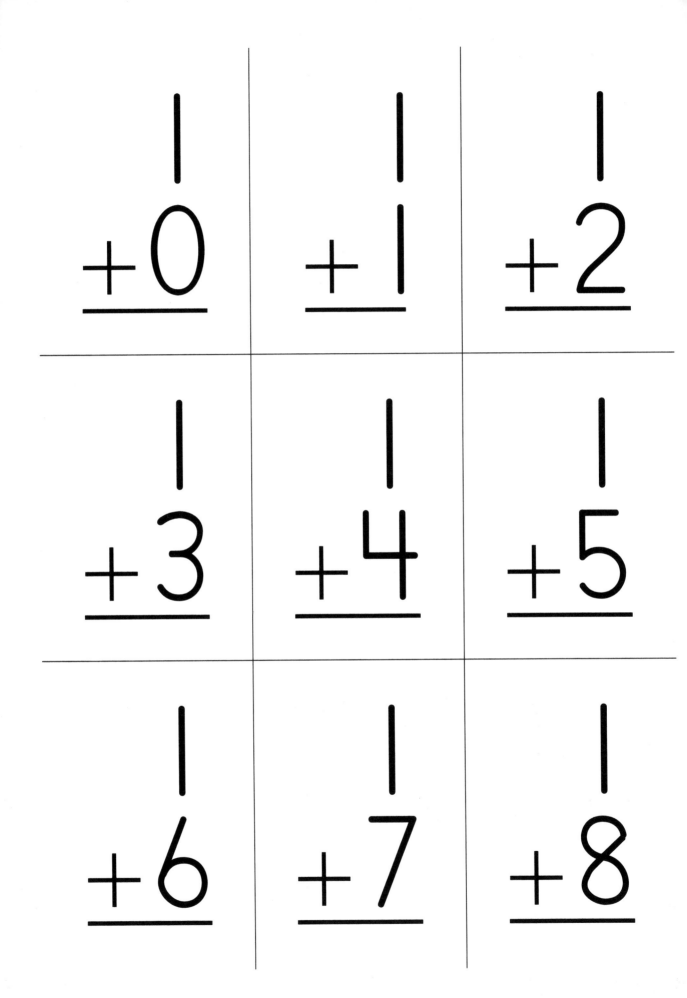

$\begin{array}{r} 1 \\ +0 \\ \hline \end{array}$	$\begin{array}{r} 1 \\ +1 \\ \hline \end{array}$	$\begin{array}{r} 1 \\ +2 \\ \hline \end{array}$
$\begin{array}{r} 1 \\ +3 \\ \hline \end{array}$	$\begin{array}{r} 1 \\ +4 \\ \hline \end{array}$	$\begin{array}{r} 1 \\ +5 \\ \hline \end{array}$
$\begin{array}{r} 1 \\ +6 \\ \hline \end{array}$	$\begin{array}{r} 1 \\ +7 \\ \hline \end{array}$	$\begin{array}{r} 1 \\ +8 \\ \hline \end{array}$

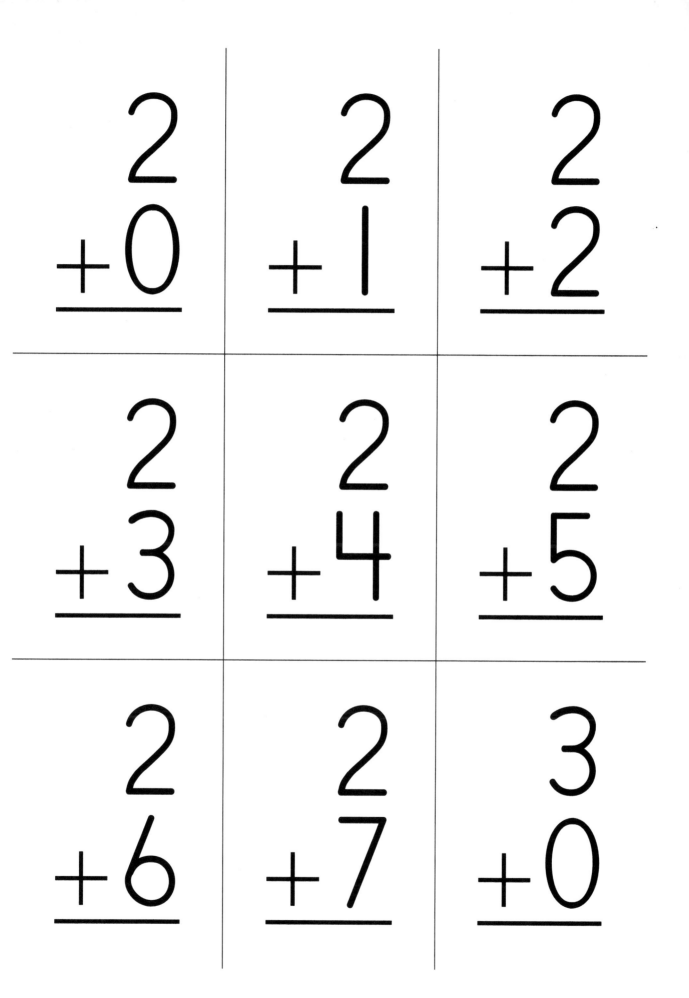

2	2	2
$+0$	$+1$	$+2$
2	2	2
$+3$	$+4$	$+5$
2	2	3
$+6$	$+7$	$+0$

Tarjetas de operaciones de suma

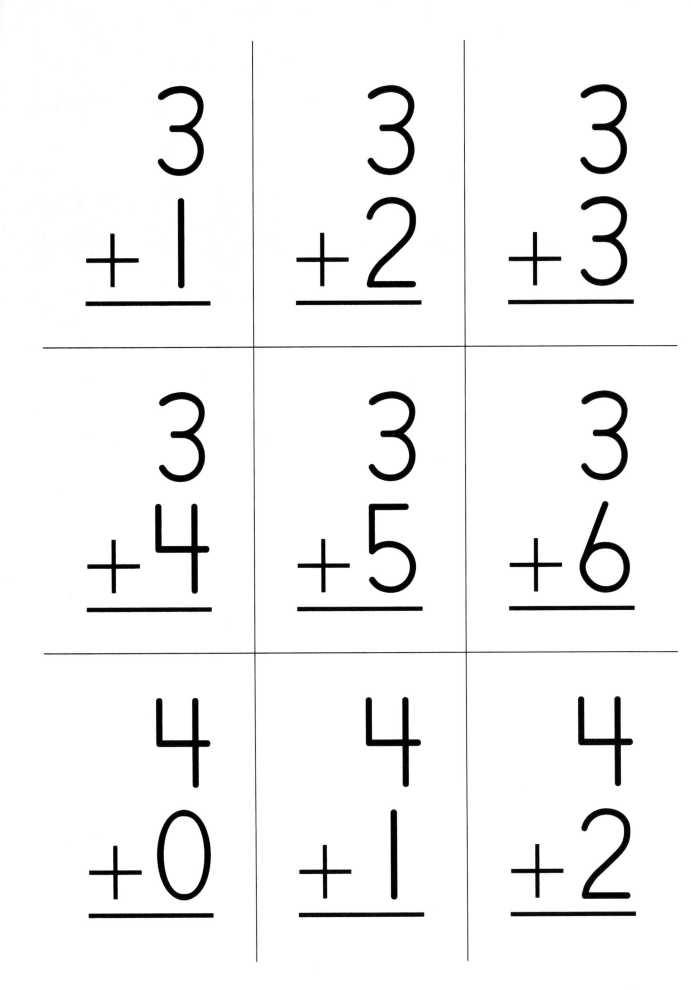

$$\begin{array}{r} 3 \\ +1 \\ \hline \end{array}$$
$$\begin{array}{r} 3 \\ +2 \\ \hline \end{array}$$
$$\begin{array}{r} 3 \\ +3 \\ \hline \end{array}$$
$$\begin{array}{r} 3 \\ +4 \\ \hline \end{array}$$
$$\begin{array}{r} 3 \\ +5 \\ \hline \end{array}$$
$$\begin{array}{r} 3 \\ +6 \\ \hline \end{array}$$
$$\begin{array}{r} 4 \\ +0 \\ \hline \end{array}$$
$$\begin{array}{r} 4 \\ +1 \\ \hline \end{array}$$
$$\begin{array}{r} 4 \\ +2 \\ \hline \end{array}$$

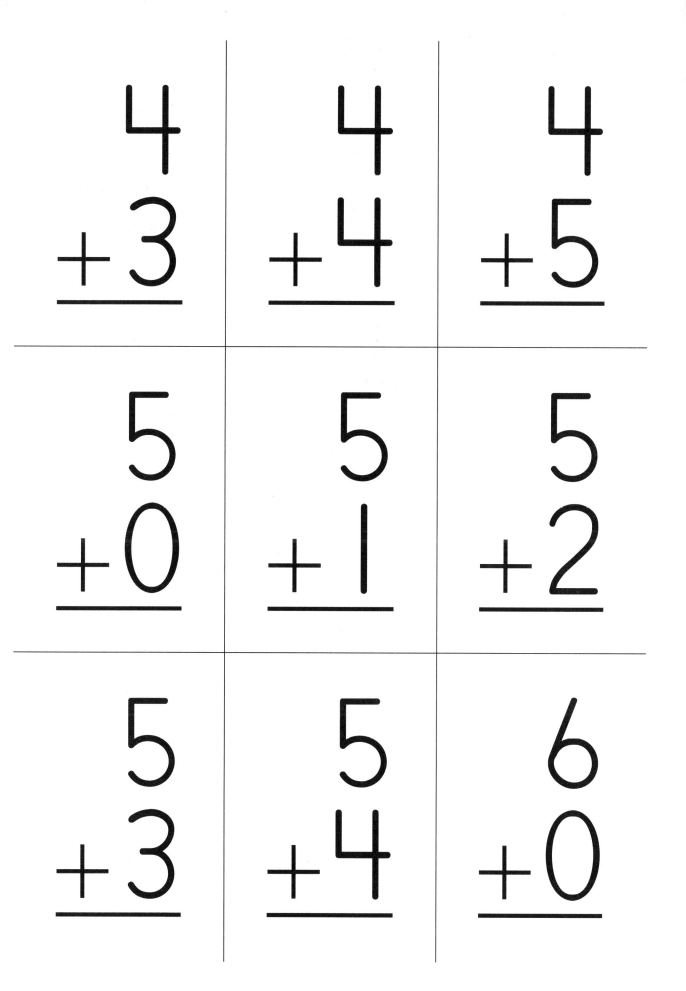

$$\begin{array}{r}4\\+3\\\hline\end{array}\qquad\begin{array}{r}4\\+4\\\hline\end{array}\qquad\begin{array}{r}4\\+5\\\hline\end{array}$$

$$\begin{array}{r}5\\+0\\\hline\end{array}\qquad\begin{array}{r}5\\+1\\\hline\end{array}\qquad\begin{array}{r}5\\+2\\\hline\end{array}$$

$$\begin{array}{r}5\\+3\\\hline\end{array}\qquad\begin{array}{r}5\\+4\\\hline\end{array}\qquad\begin{array}{r}6\\+0\\\hline\end{array}$$

Tarjetas de operaciones de suma

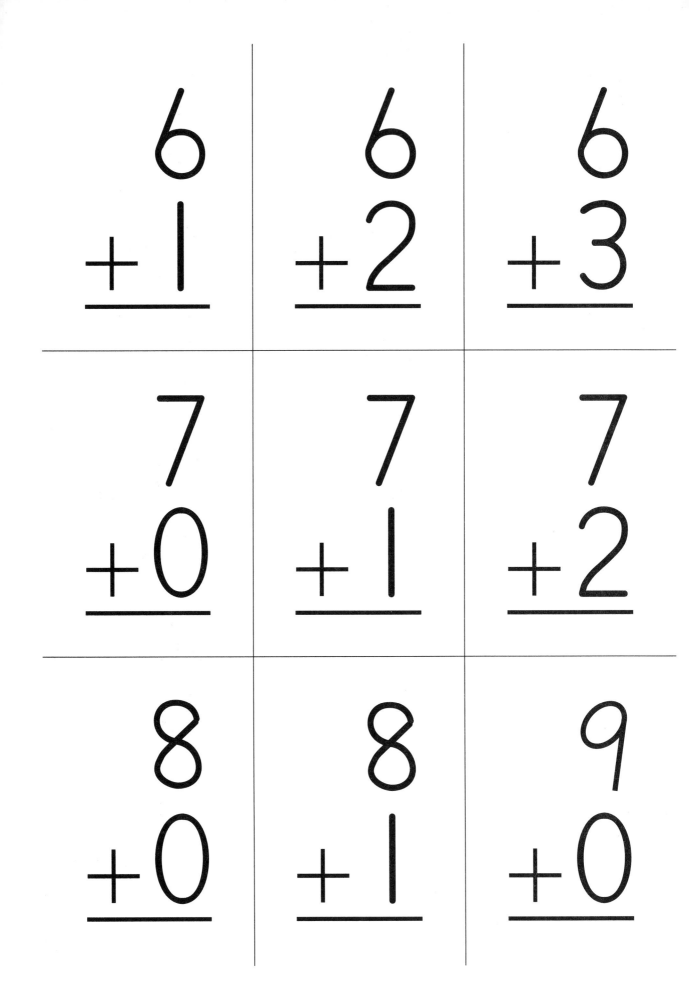

Tarjetas de operaciones de suma

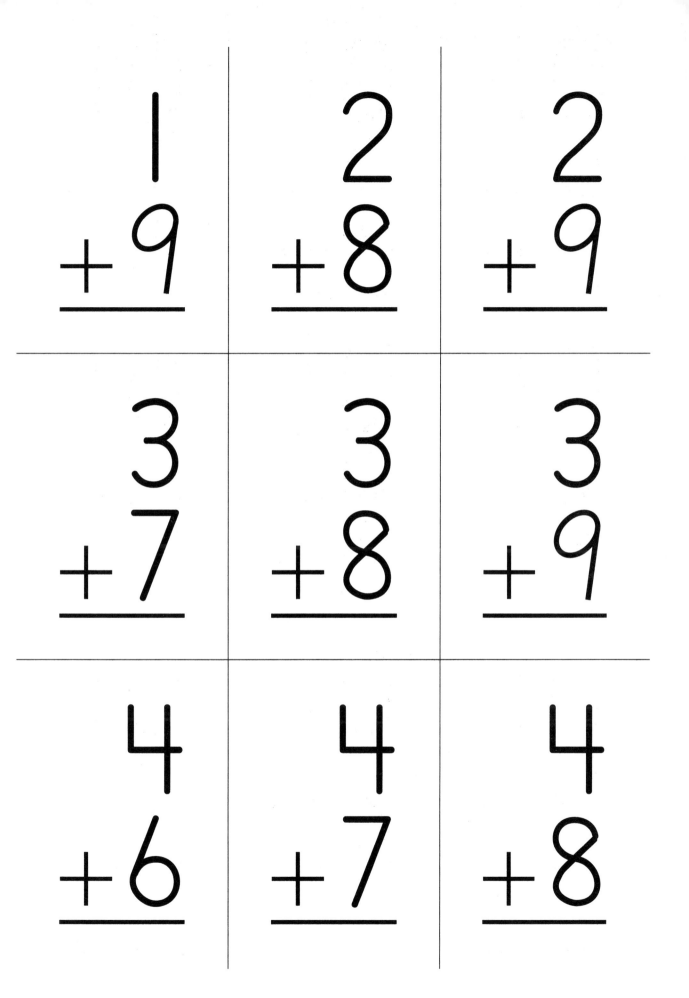

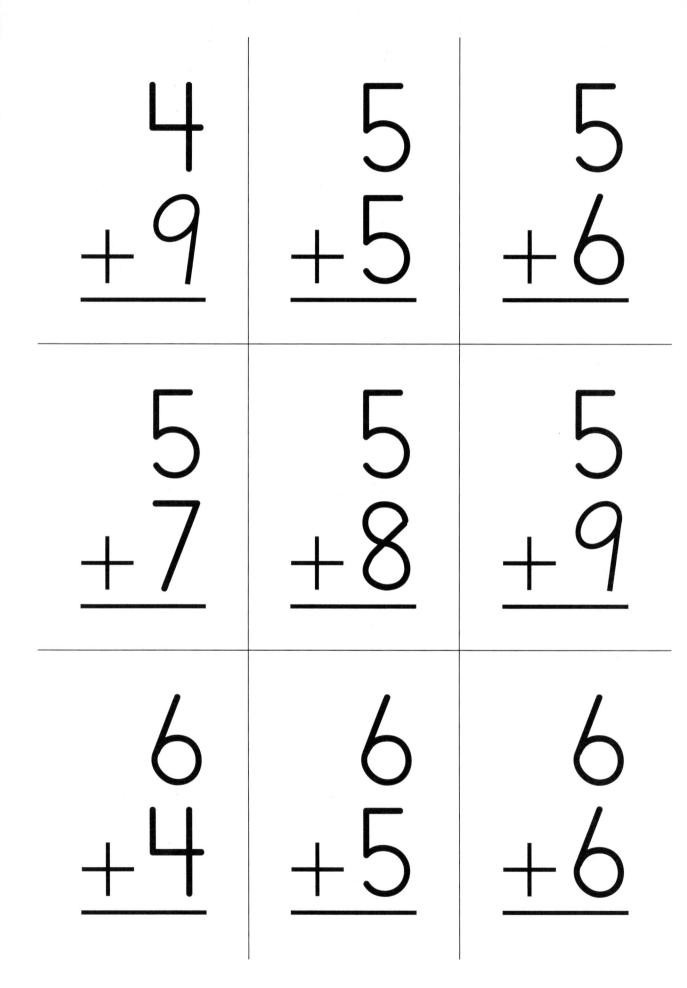

4	5	5
+9	+5	+6

5	5	5
+7	+8	+9

6	6	6
+4	+5	+6

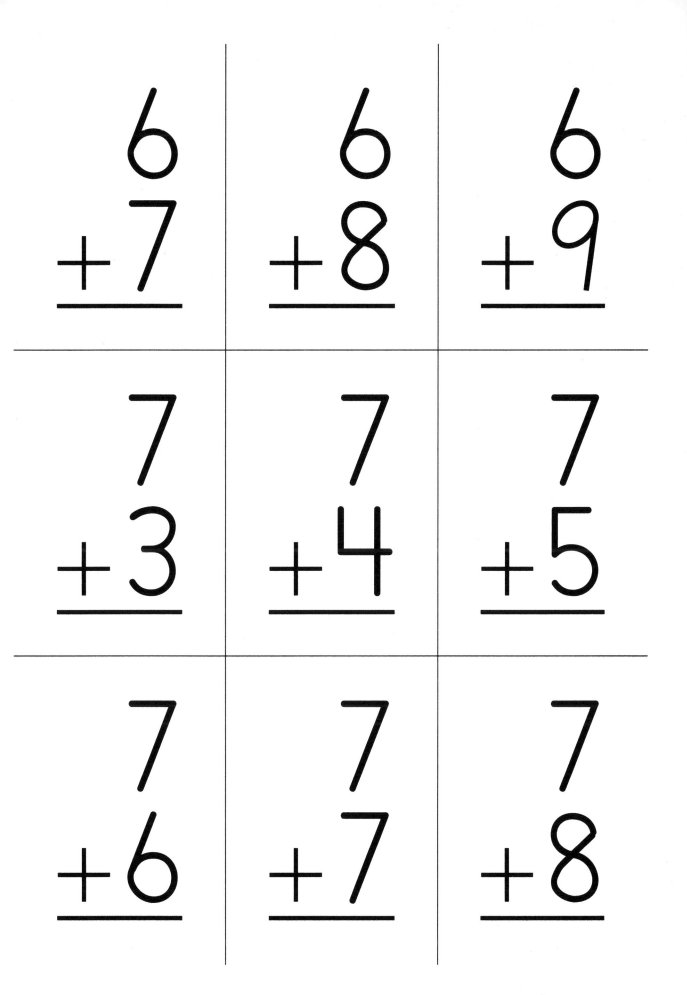

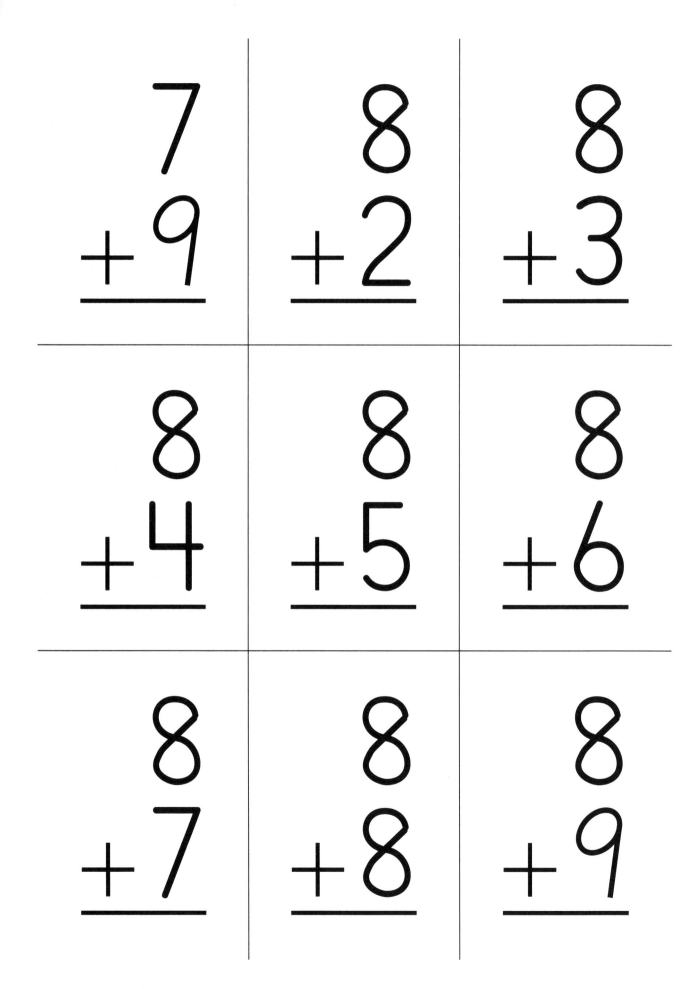

Tarjetas de operaciones de suma

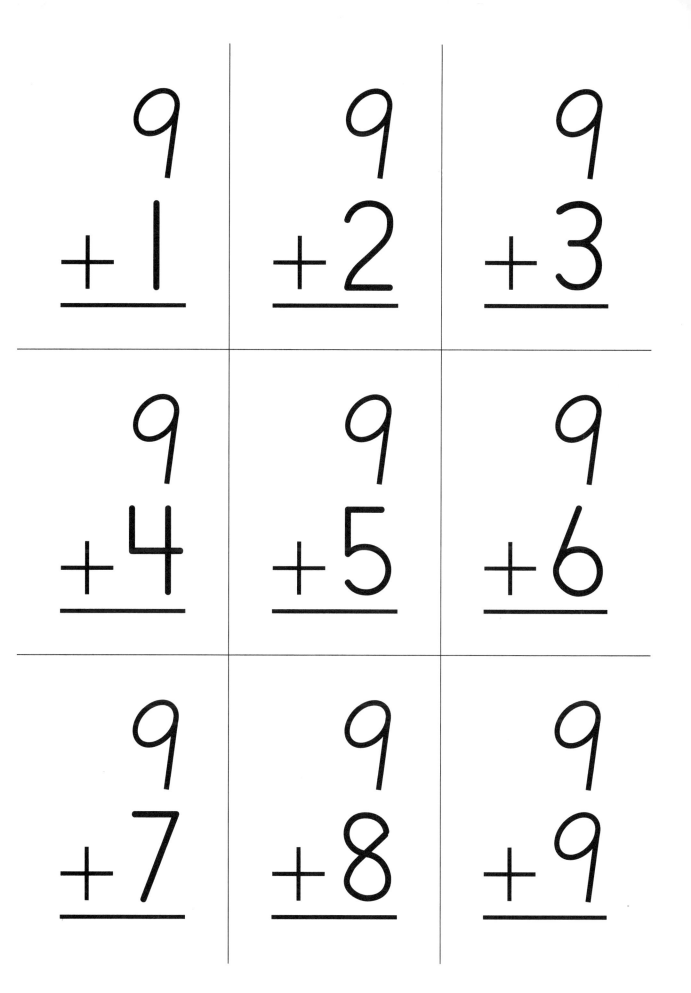

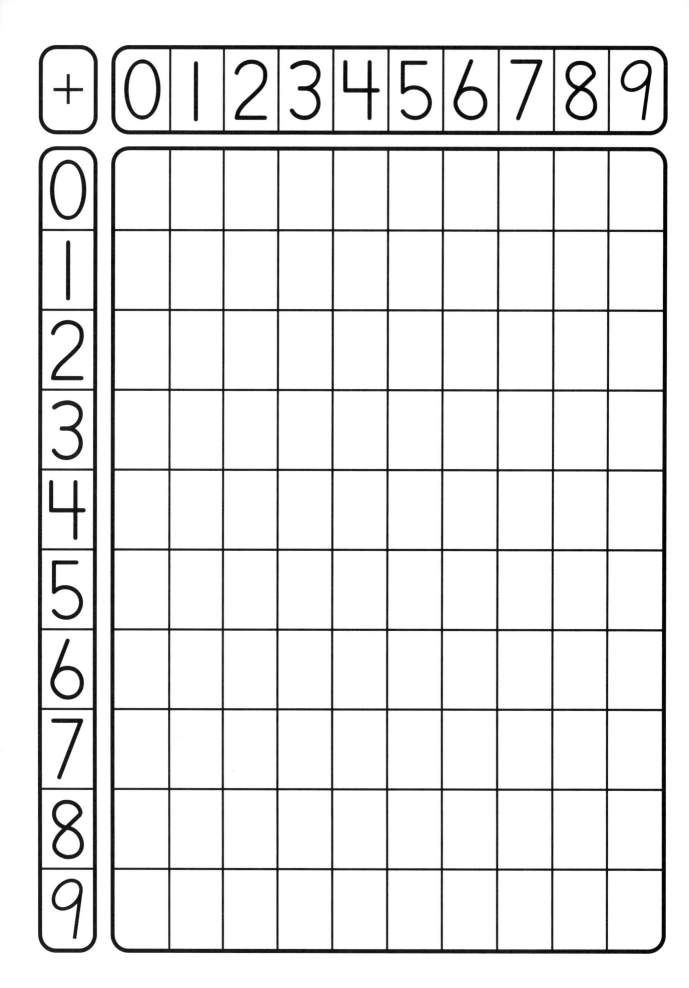

Tabla de sumar

Materiales de base diez (decenas, unidades)

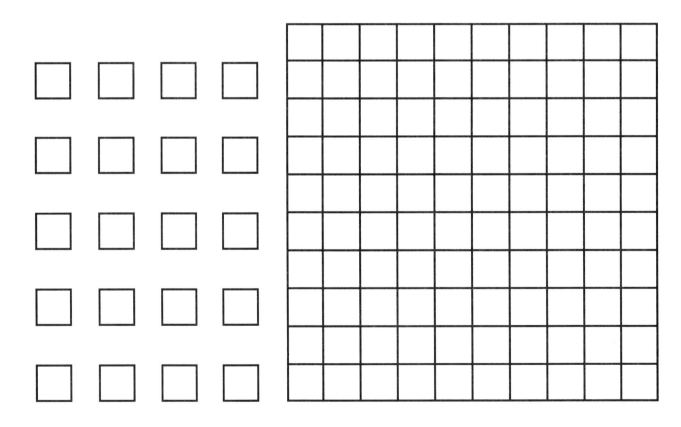

Materiales de base diez (centenas, decenas, unidades)

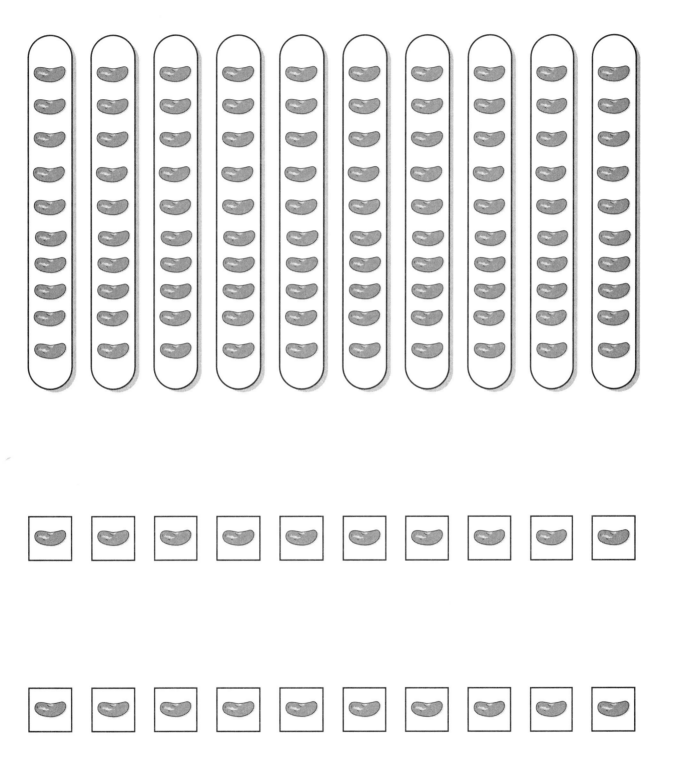

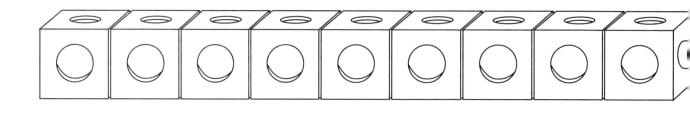

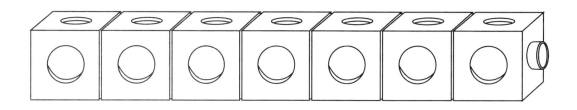

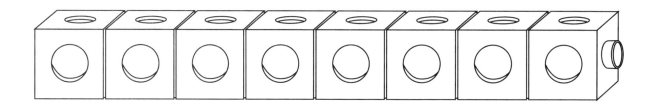

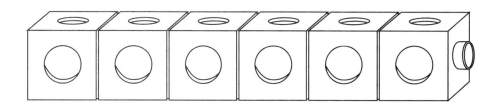

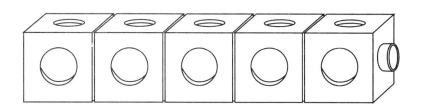

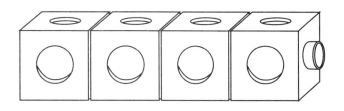

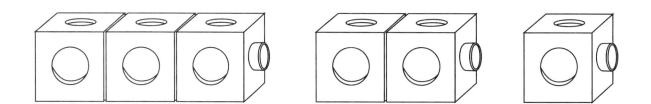

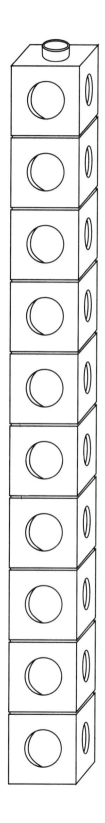 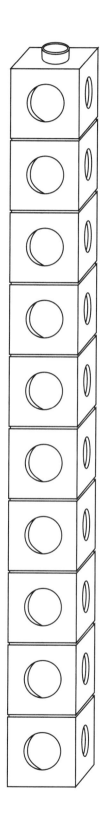 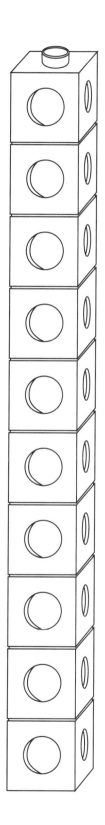 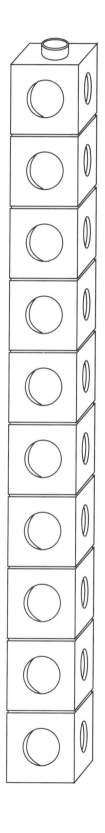

Patrones de cubos conectables (decenas)

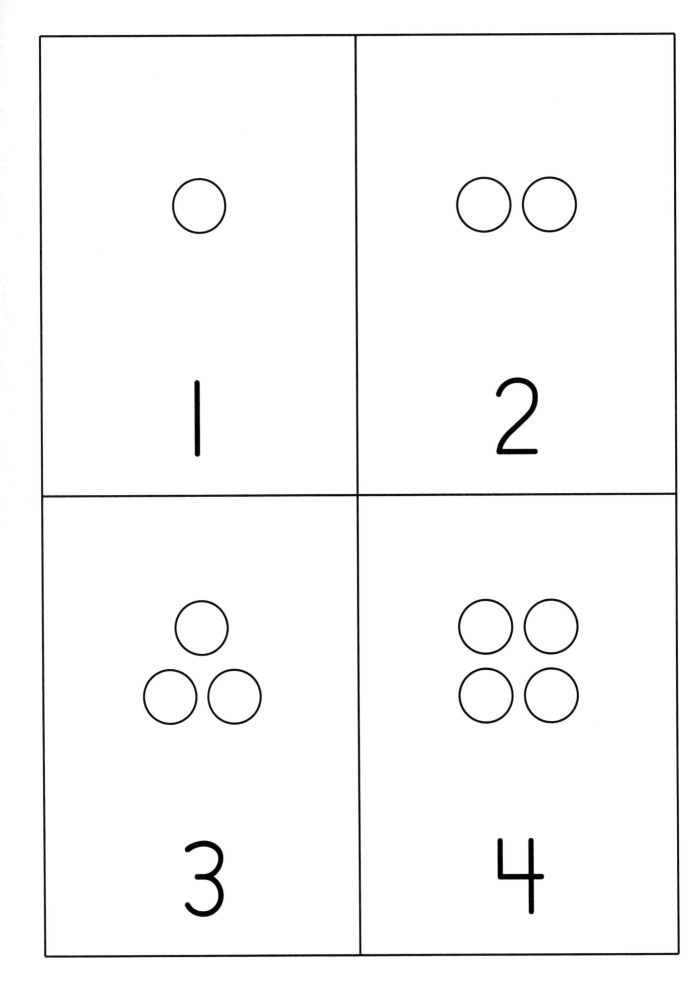

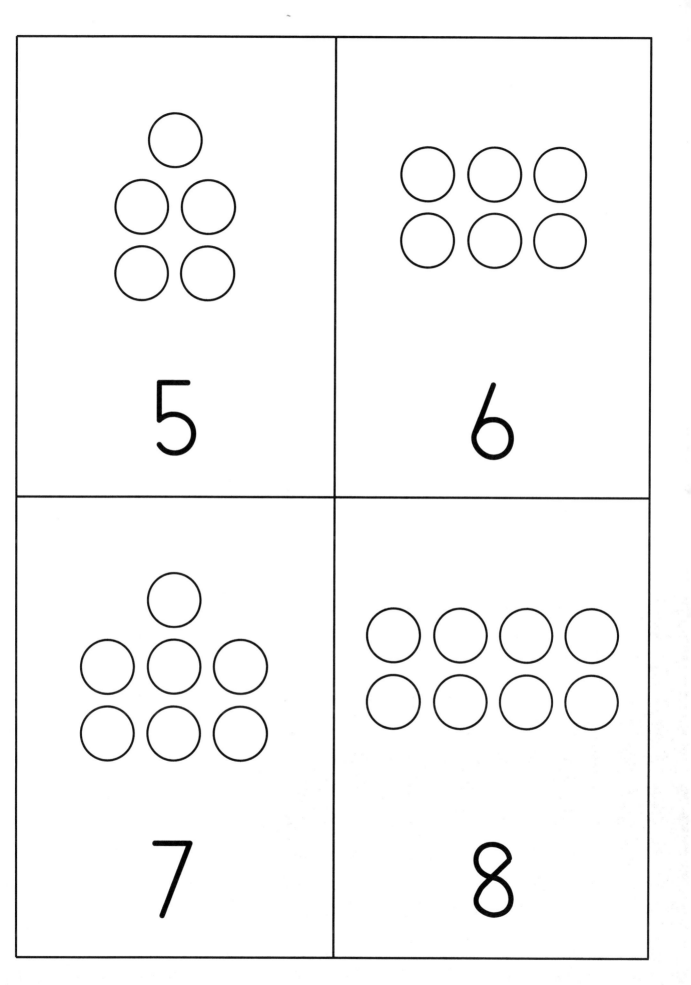

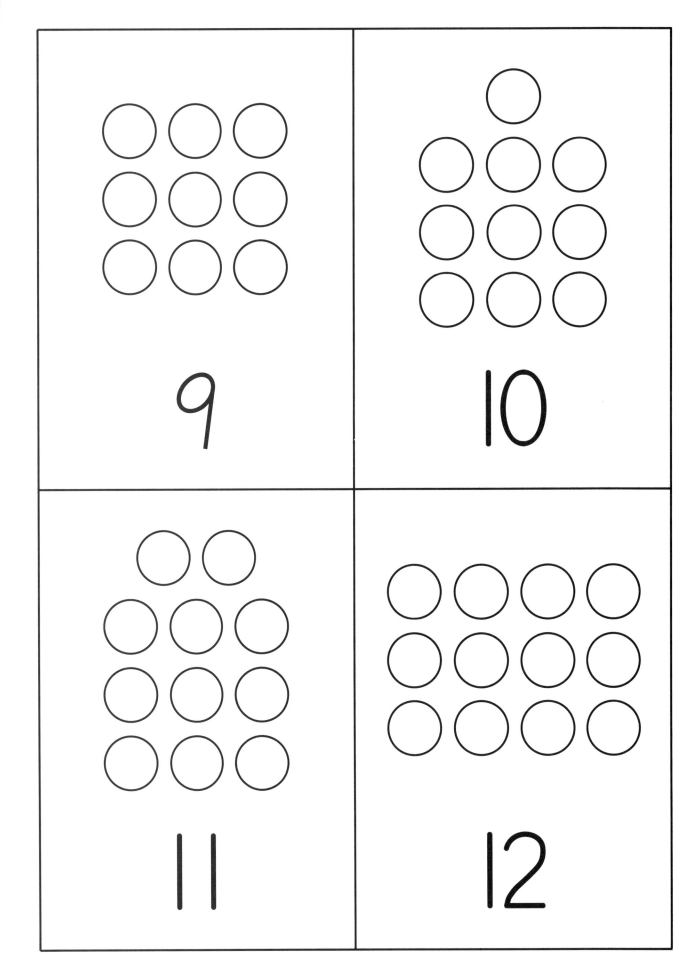

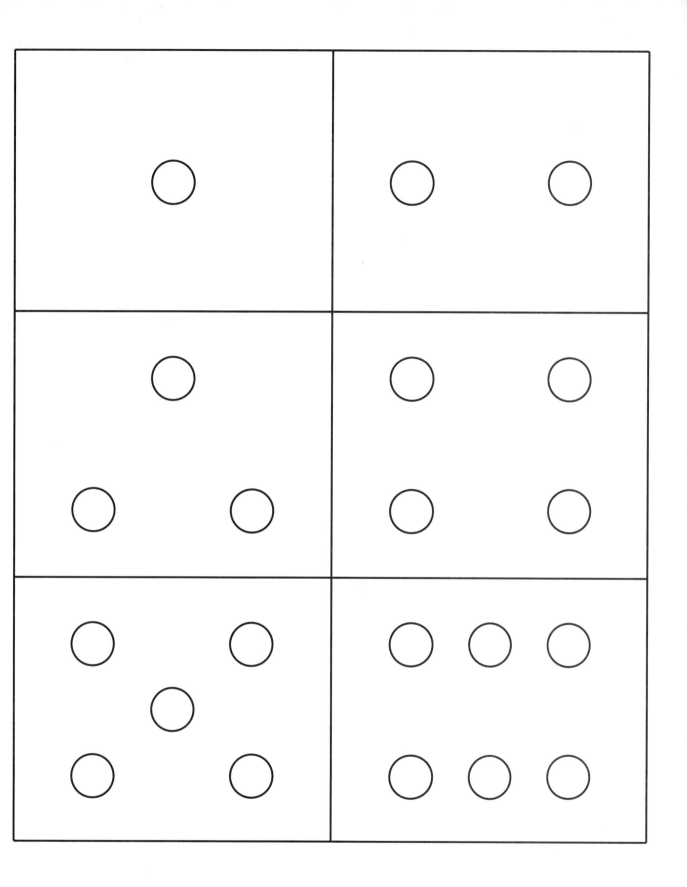

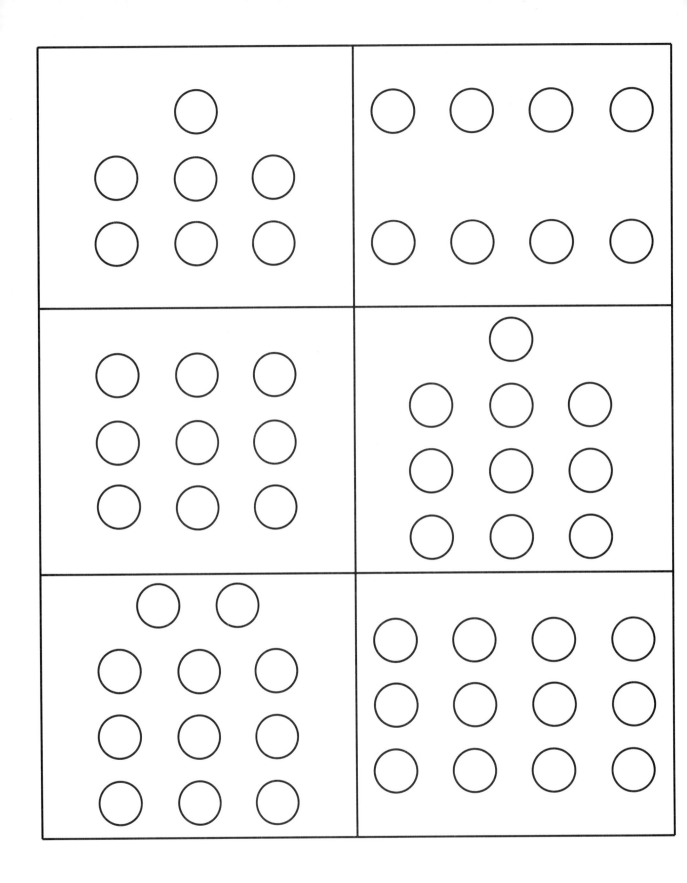

1	2	3	4	5	6	7	8	9	10
11	12	13	14	15	16	17	18	19	20
21	22	23	24	25	26	27	28	29	30
31	32	33	34	35	36	37	38	39	40
41	42	43	44	45	46	47	48	49	50
51	52	53	54	55	56	57	58	59	60
61	62	63	64	65	66	67	68	69	70
71	72	73	74	75	76	77	78	79	80
81	82	83	84	85	86	87	88	89	90
91	92	93	94	95	96	97	98	99	100

cero	uno
dos	tres
cuatro	cinco

Tarjetas con los nombres de los números (cero a cinco)

seis	siete
ocho	nueve
diez	veinte

Tarjetas con los nombres de los números (seis a diez, veinte)   **Recursos de enseñanza R25**

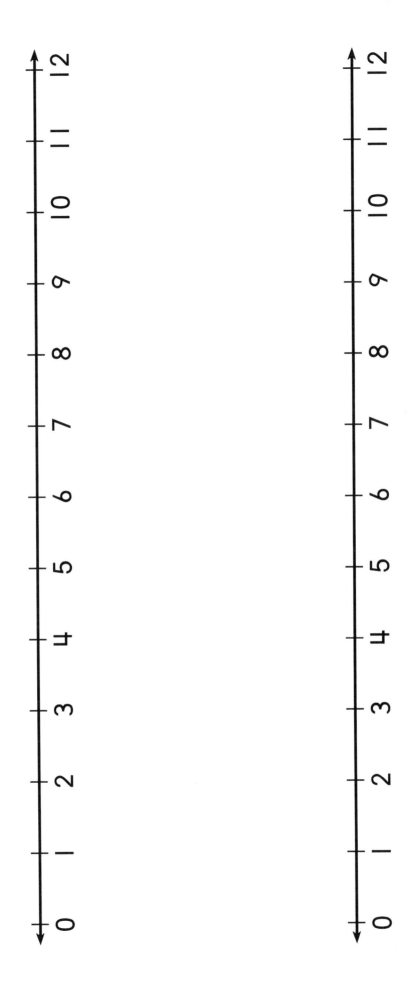

Rectas numéricas (0–12)

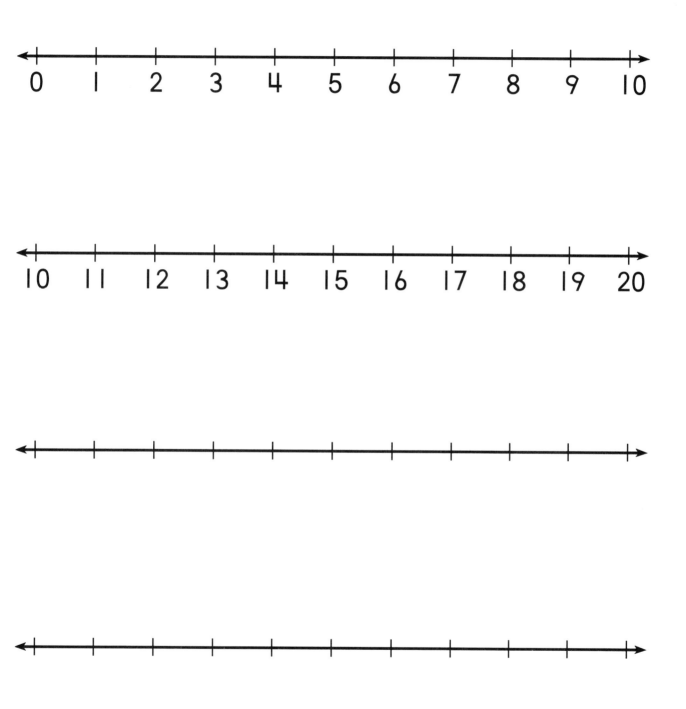

Rectas numéricas (0–10, 10–20, en blanco)

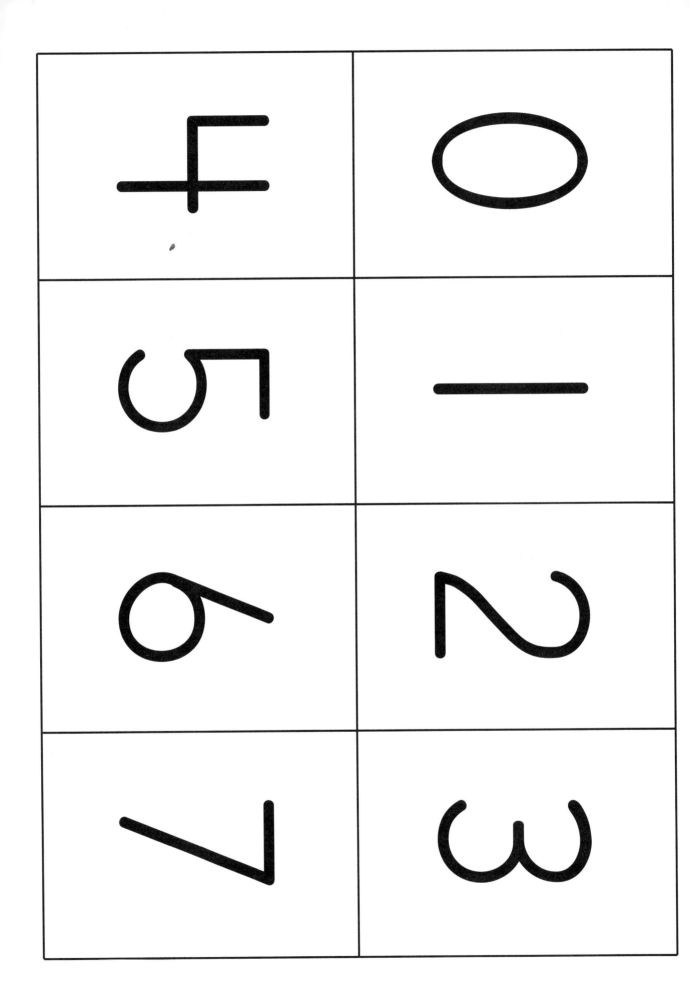

Tarjetas con números (0–7)

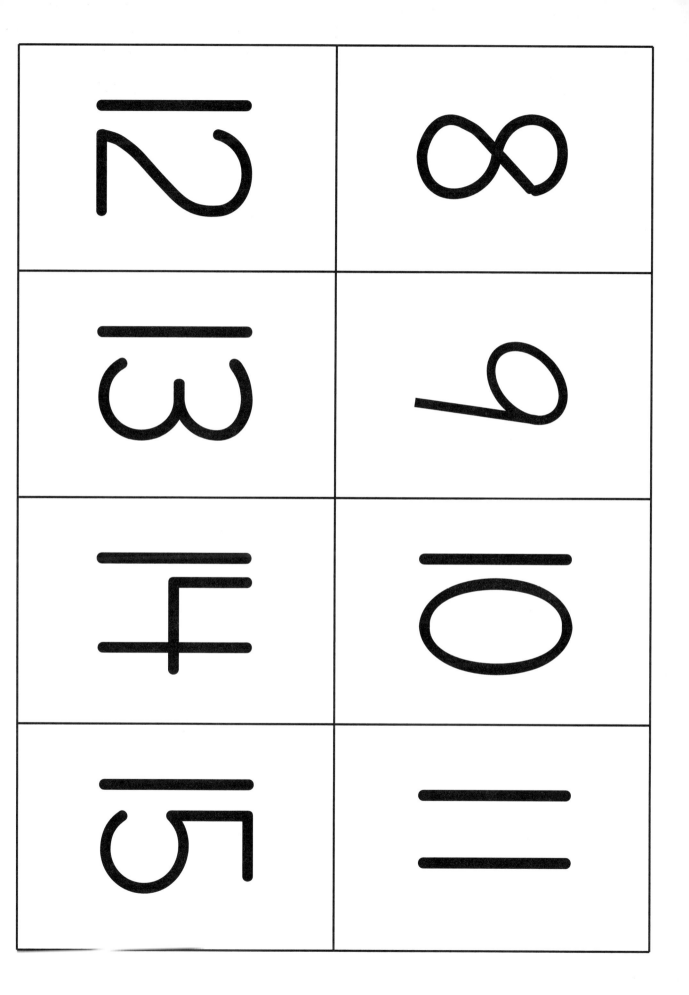

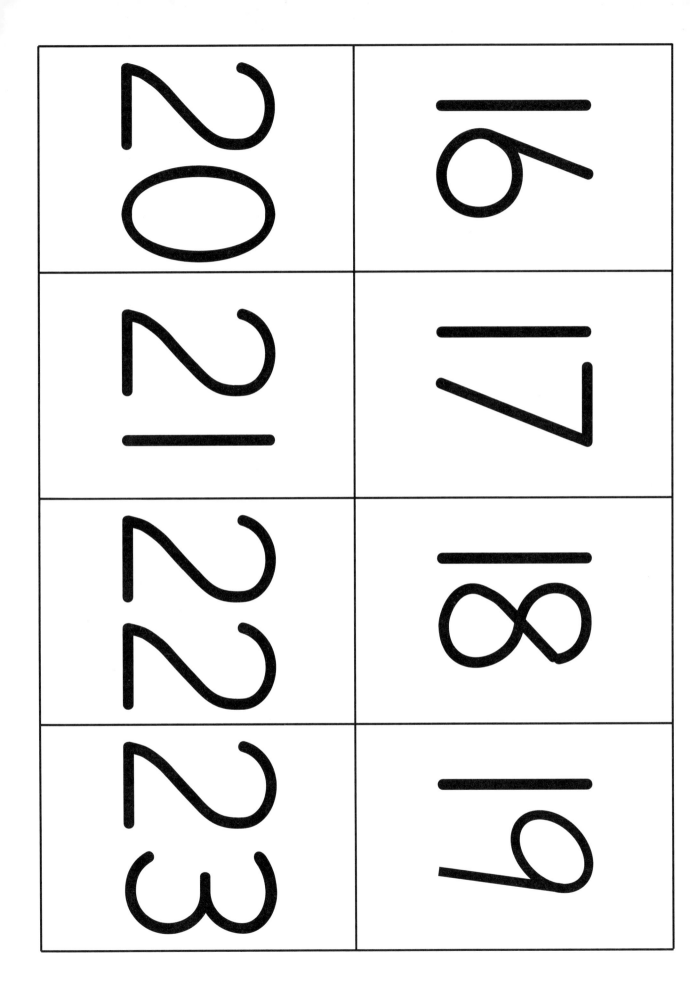

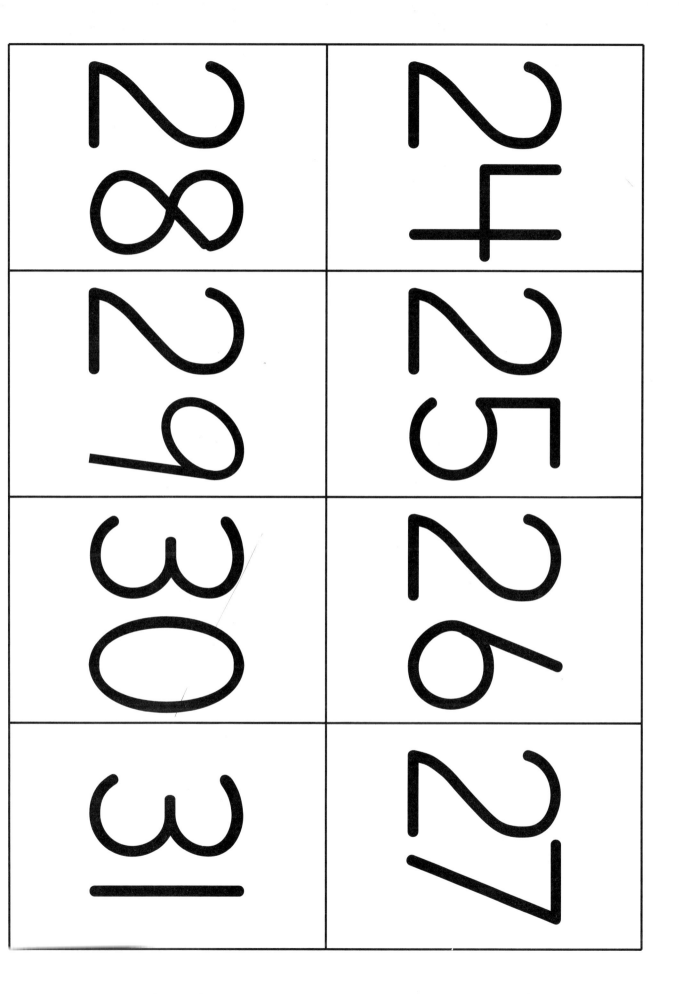

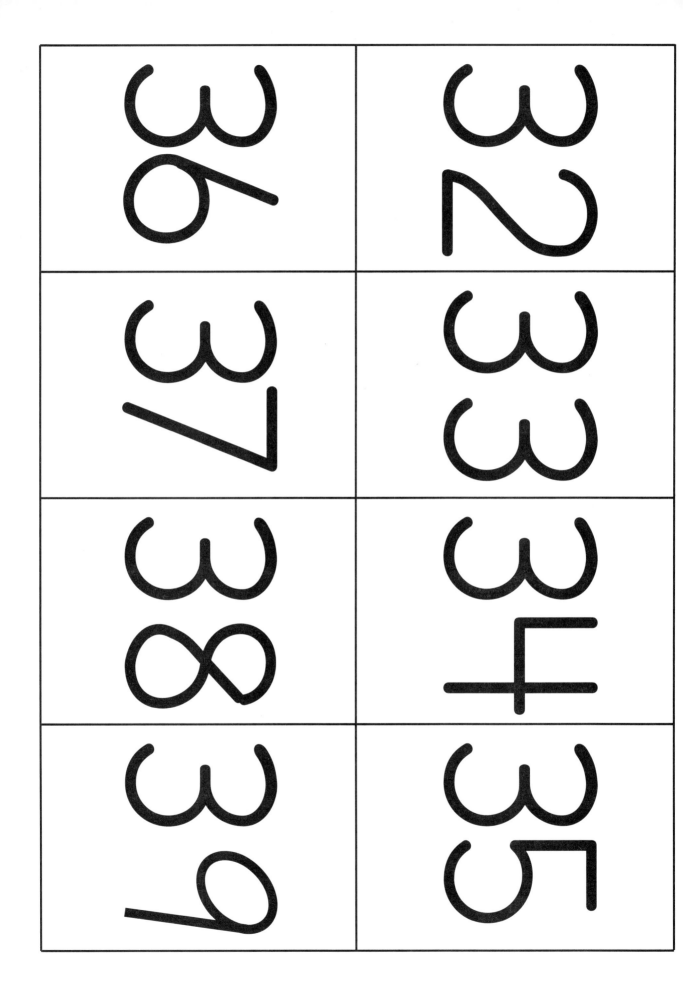

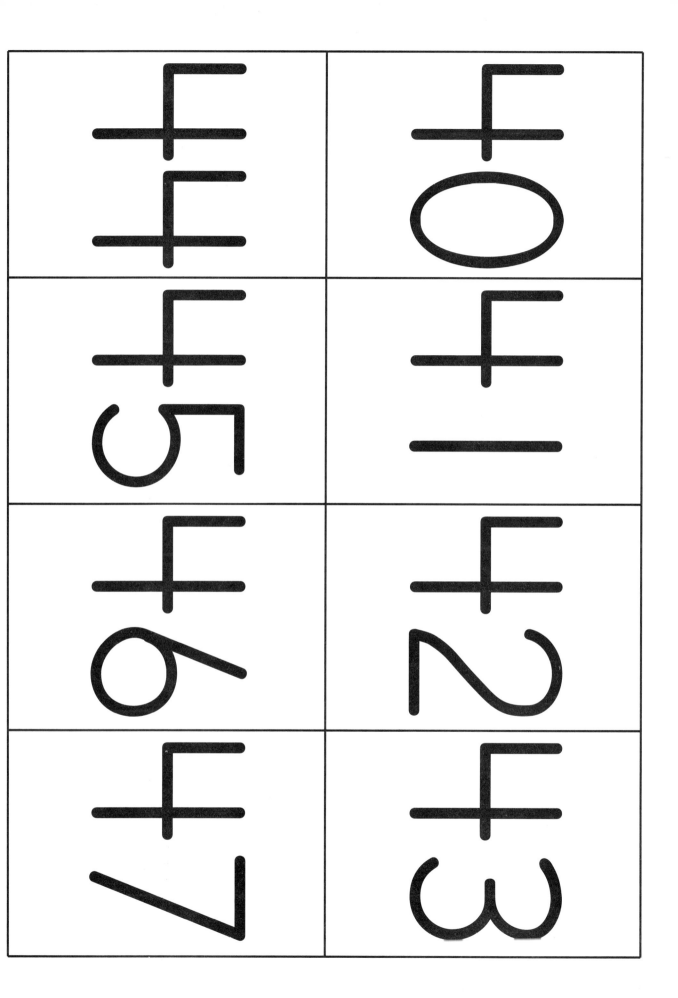

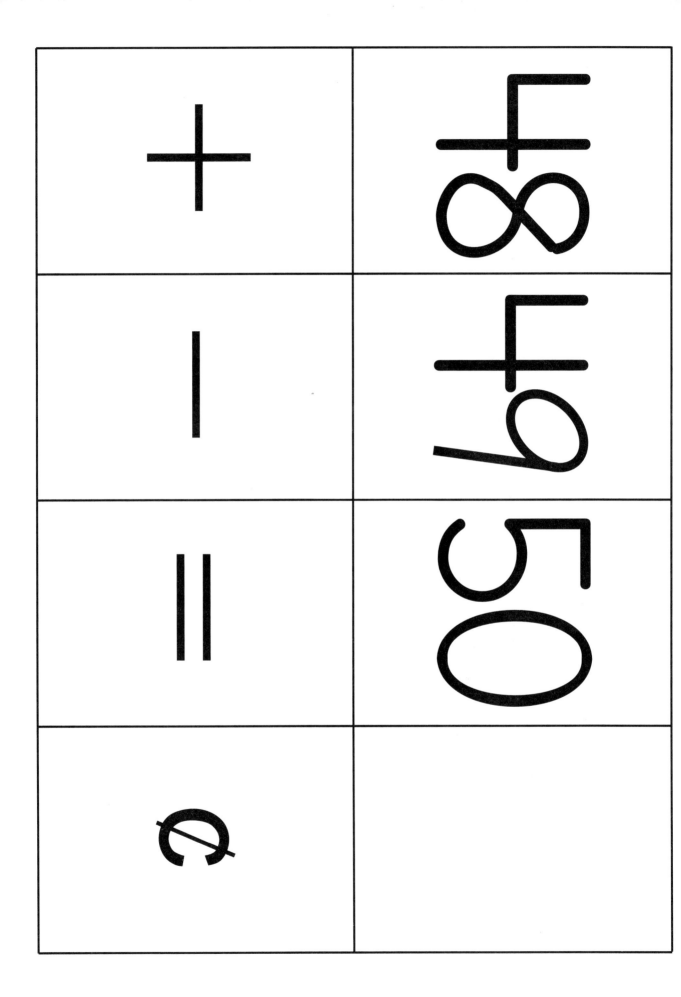

Renglones para escribir los números (0–10)

primero	segundo
tercero	cuarto
quinto	sexto

Tarjetas con los números ordinales (primero a sexto)

séptimo	octavo
noveno	décimo
undécimo	duodécimo

decenas	unidades

decenas	unidades

decenas	unidades

decenas	unidades

decenas	unidades

decenas	unidades

decenas	unidades

decenas	unidades

decenas	unidades

decenas	unidades

decenas	unidades

decenas	unidades

Tablas de valor posicional (decenas, unidades)

centenas	decenas	unidades

centenas	decenas	unidades

centenas	decenas	unidades

centenas	decenas	unidades

centenas	decenas	unidades

centenas	decenas	unidades

centenas	decenas	unidades

centenas	decenas	unidades

Tablas de valor posicional (centenas, decenas, unidades)

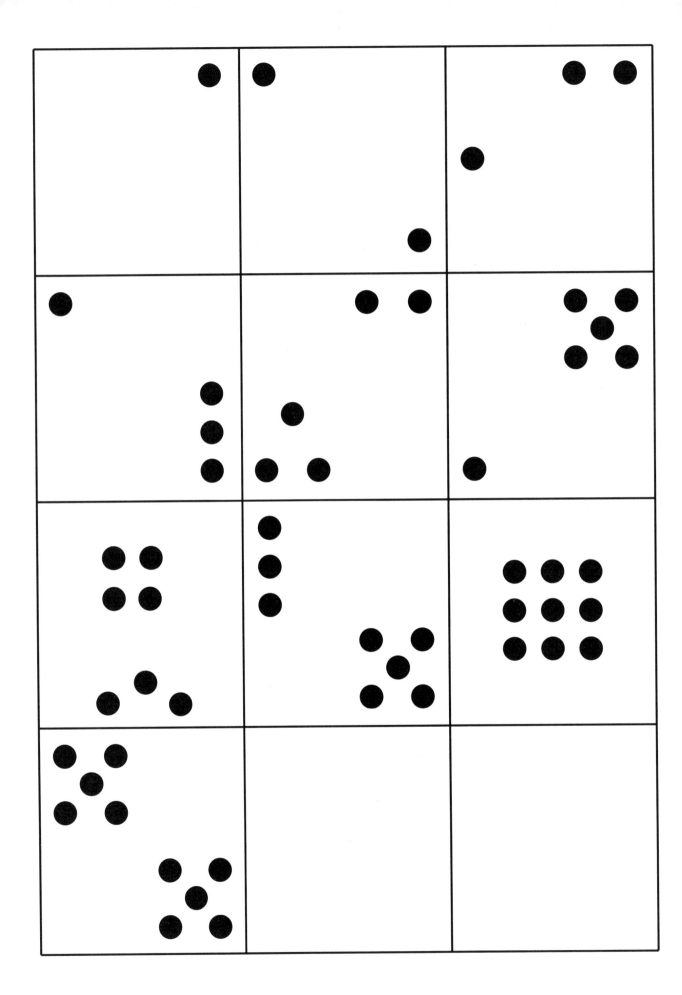

Tarjetas con puntos al azar

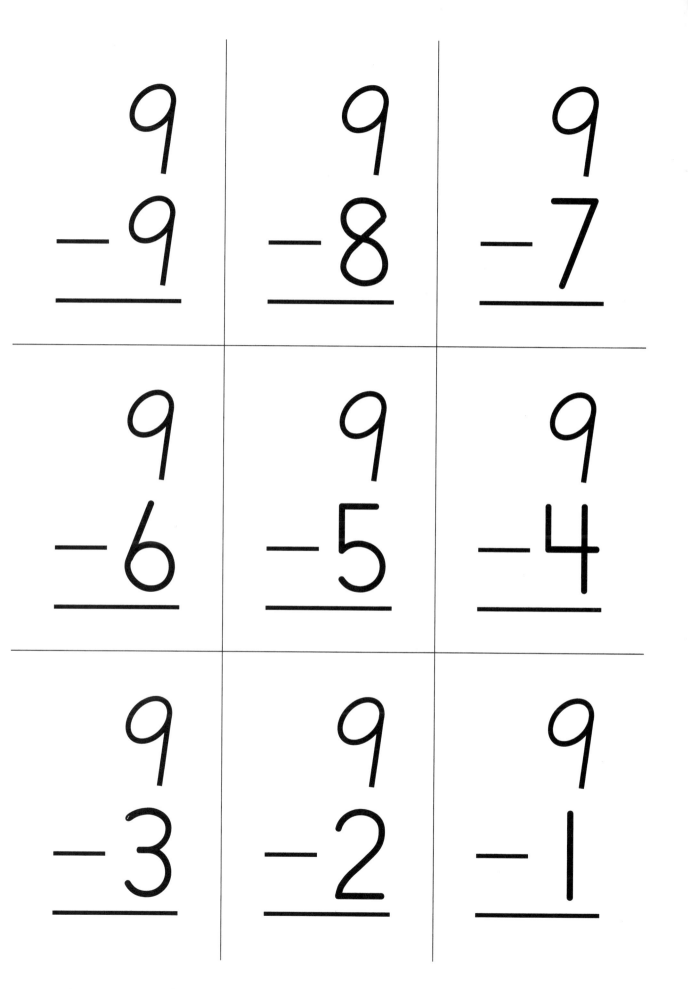

$$\begin{array}{r} 9 \\ -\,9 \\ \hline \end{array}$$

$$\begin{array}{r} 9 \\ -\,8 \\ \hline \end{array}$$

$$\begin{array}{r} 9 \\ -\,7 \\ \hline \end{array}$$

$$\begin{array}{r} 9 \\ -\,6 \\ \hline \end{array}$$

$$\begin{array}{r} 9 \\ -\,5 \\ \hline \end{array}$$

$$\begin{array}{r} 9 \\ -\,4 \\ \hline \end{array}$$

$$\begin{array}{r} 9 \\ -\,3 \\ \hline \end{array}$$

$$\begin{array}{r} 9 \\ -\,2 \\ \hline \end{array}$$

$$\begin{array}{r} 9 \\ -\,1 \\ \hline \end{array}$$

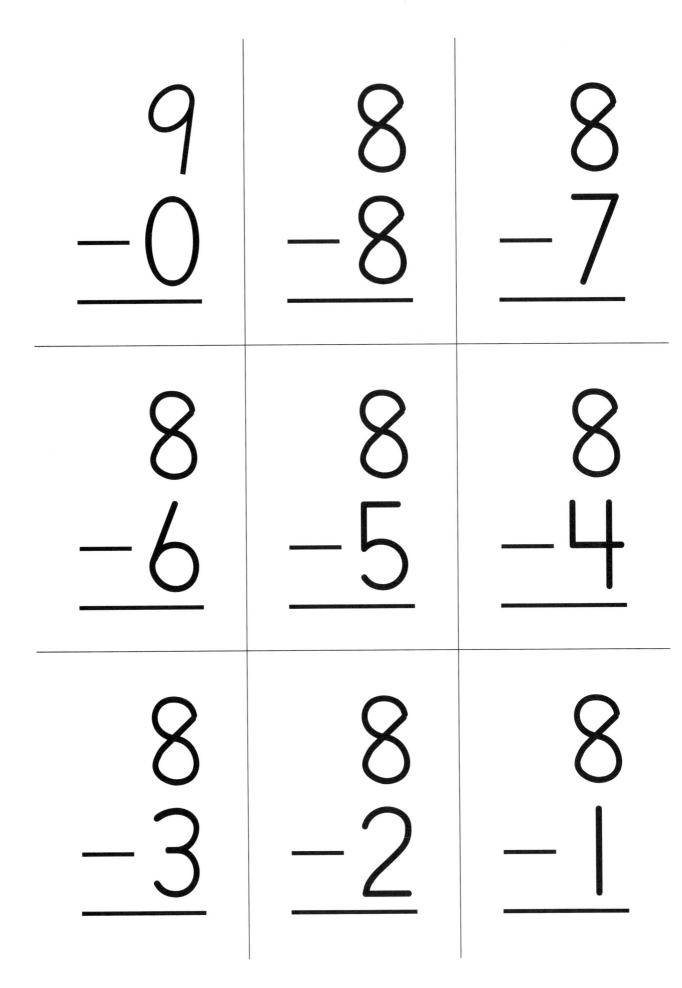

$$\begin{array}{r} 9 \\ -\ 0 \\ \hline \end{array} \qquad \begin{array}{r} 8 \\ -\ 8 \\ \hline \end{array} \qquad \begin{array}{r} 8 \\ -\ 7 \\ \hline \end{array}$$

$$\begin{array}{r} 8 \\ -\ 6 \\ \hline \end{array} \qquad \begin{array}{r} 8 \\ -\ 5 \\ \hline \end{array} \qquad \begin{array}{r} 8 \\ -\ 4 \\ \hline \end{array}$$

$$\begin{array}{r} 8 \\ -\ 3 \\ \hline \end{array} \qquad \begin{array}{r} 8 \\ -\ 2 \\ \hline \end{array} \qquad \begin{array}{r} 8 \\ -\ 1 \\ \hline \end{array}$$

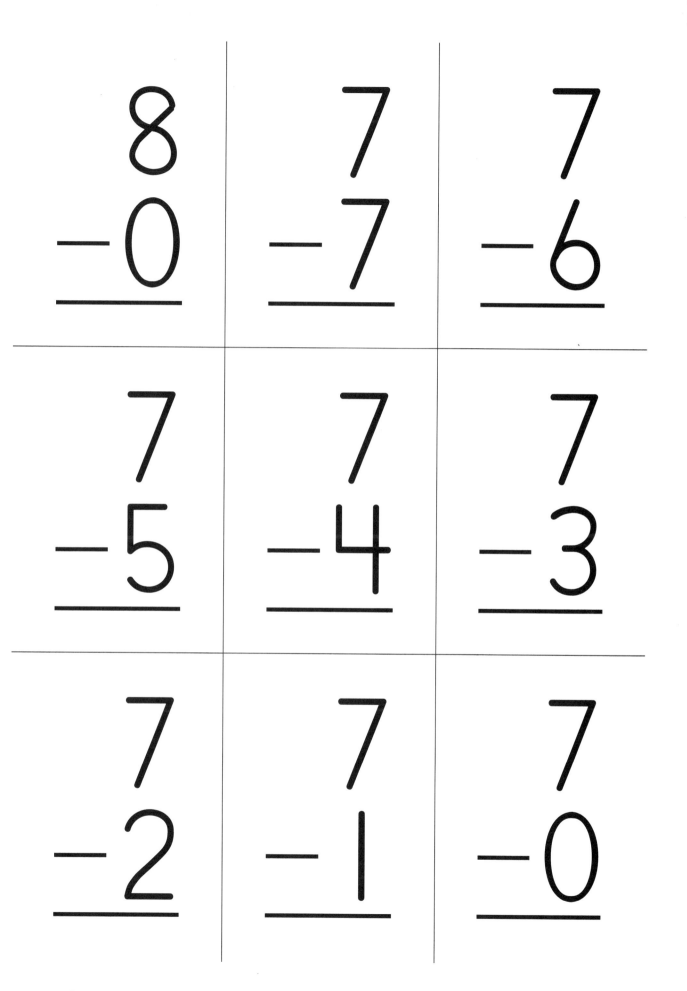

$$
\begin{array}{r} 8 \\ -0 \\ \hline \end{array}
\qquad
\begin{array}{r} 7 \\ -7 \\ \hline \end{array}
\qquad
\begin{array}{r} 7 \\ -6 \\ \hline \end{array}
$$

$$
\begin{array}{r} 7 \\ -5 \\ \hline \end{array}
\qquad
\begin{array}{r} 7 \\ -4 \\ \hline \end{array}
\qquad
\begin{array}{r} 7 \\ -3 \\ \hline \end{array}
$$

$$
\begin{array}{r} 7 \\ -2 \\ \hline \end{array}
\qquad
\begin{array}{r} 7 \\ -1 \\ \hline \end{array}
\qquad
\begin{array}{r} 7 \\ -0 \\ \hline \end{array}
$$

Tarjetas de operaciones de resta

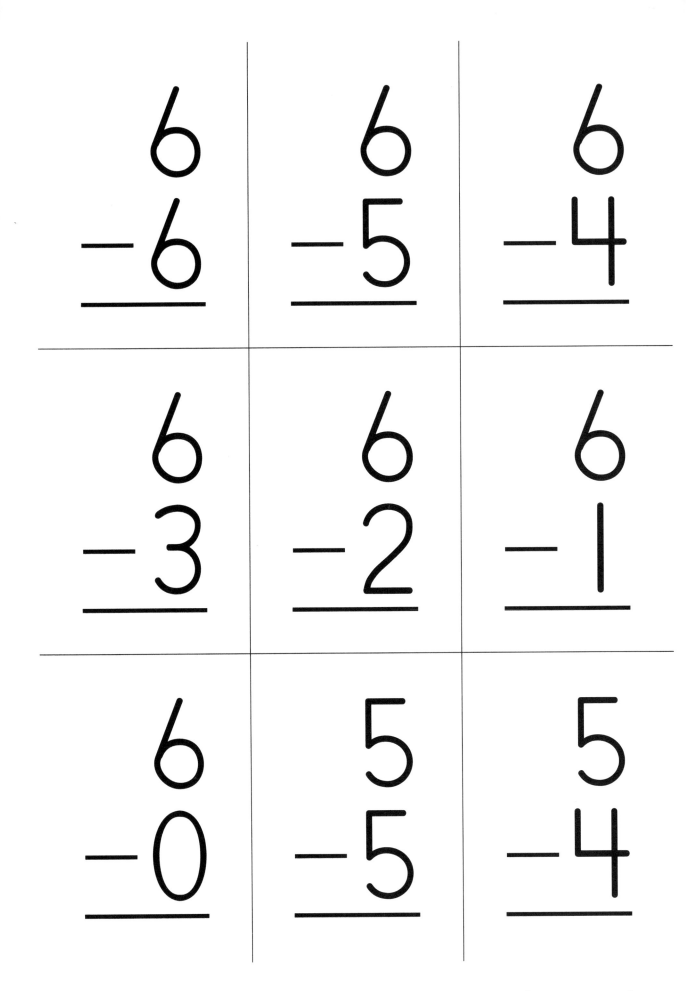

Tarjetas de operaciones de resta

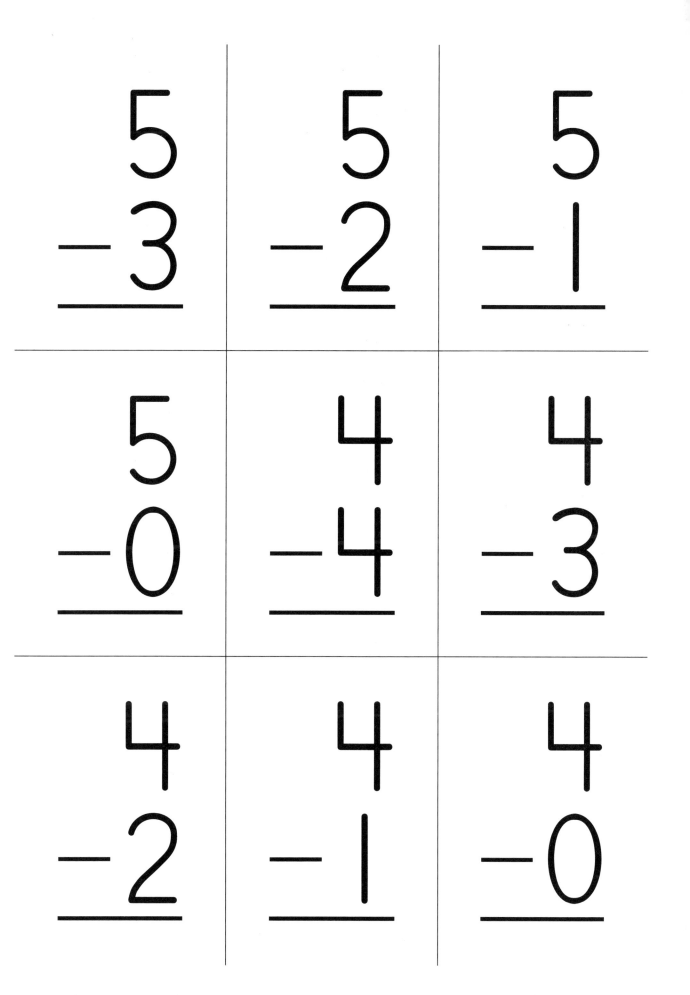

$$\begin{array}{r} 5 \\ -3 \\ \hline \end{array} \qquad \begin{array}{r} 5 \\ -2 \\ \hline \end{array} \qquad \begin{array}{r} 5 \\ -1 \\ \hline \end{array}$$

$$\begin{array}{r} 5 \\ -0 \\ \hline \end{array} \qquad \begin{array}{r} 4 \\ -4 \\ \hline \end{array} \qquad \begin{array}{r} 4 \\ -3 \\ \hline \end{array}$$

$$\begin{array}{r} 4 \\ -2 \\ \hline \end{array} \qquad \begin{array}{r} 4 \\ -1 \\ \hline \end{array} \qquad \begin{array}{r} 4 \\ -0 \\ \hline \end{array}$$

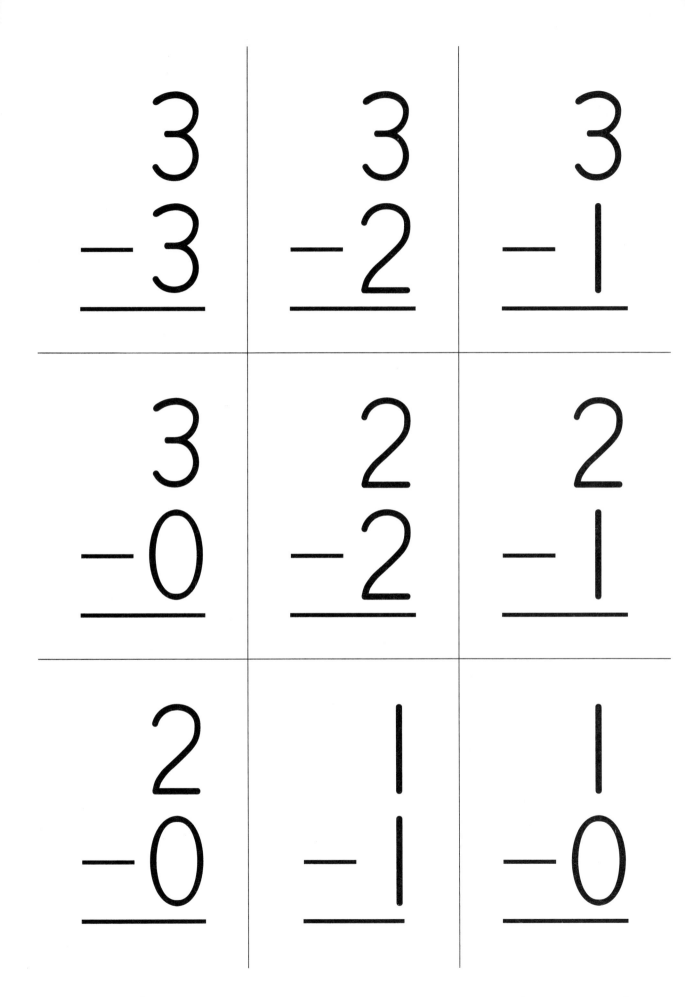

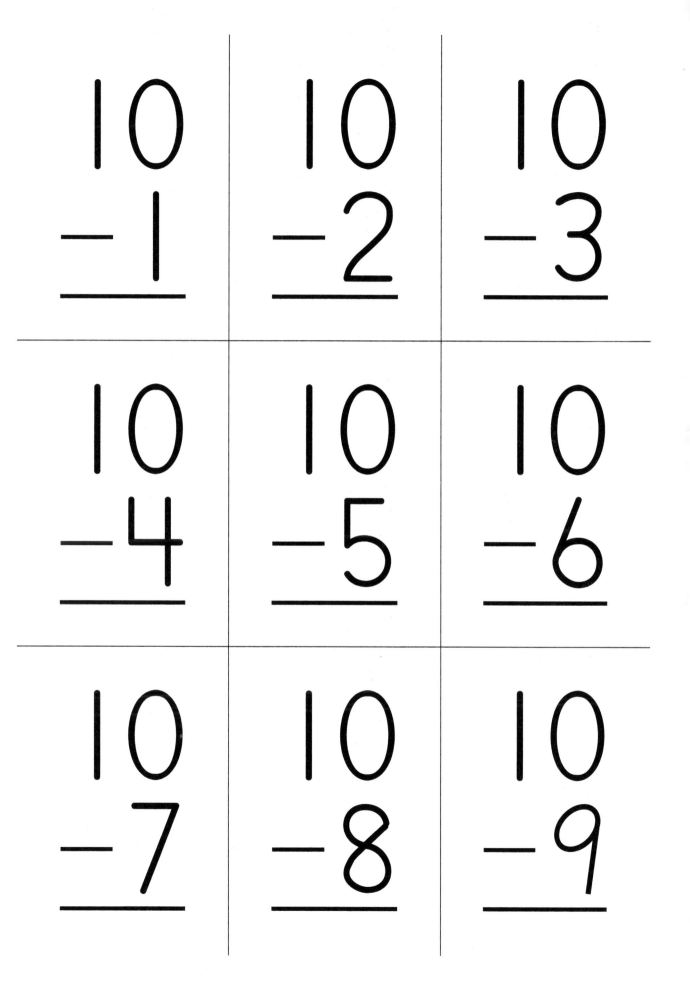

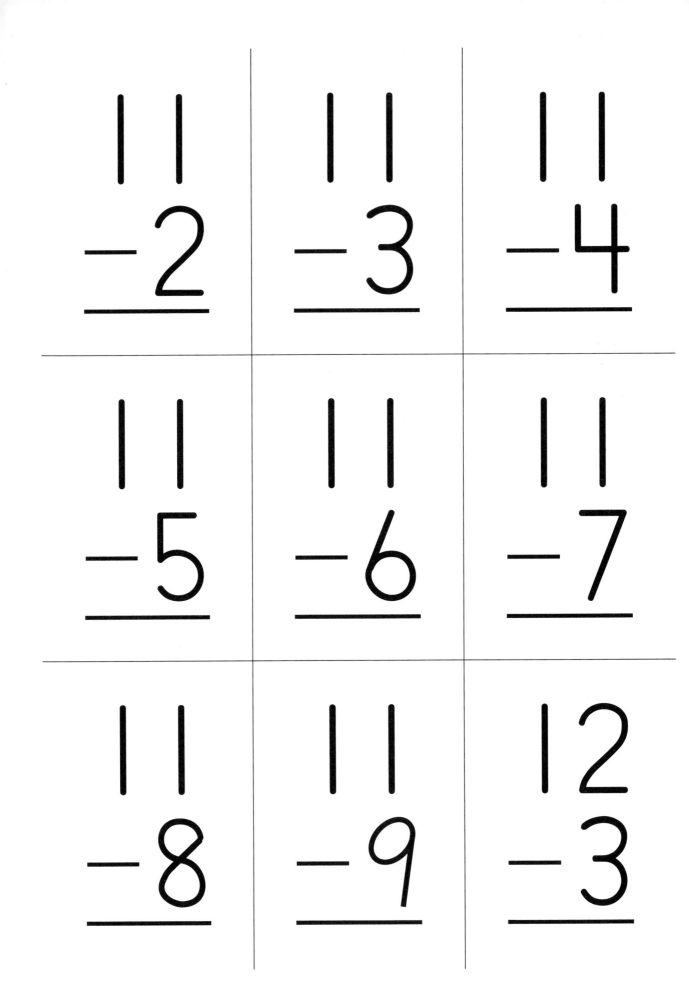

$$
\begin{array}{r} 11 \\ -\ 2 \\ \hline \end{array}
\qquad
\begin{array}{r} 11 \\ -\ 3 \\ \hline \end{array}
\qquad
\begin{array}{r} 11 \\ -\ 4 \\ \hline \end{array}
$$

$$
\begin{array}{r} 11 \\ -\ 5 \\ \hline \end{array}
\qquad
\begin{array}{r} 11 \\ -\ 6 \\ \hline \end{array}
\qquad
\begin{array}{r} 11 \\ -\ 7 \\ \hline \end{array}
$$

$$
\begin{array}{r} 11 \\ -\ 8 \\ \hline \end{array}
\qquad
\begin{array}{r} 11 \\ -\ 9 \\ \hline \end{array}
\qquad
\begin{array}{r} 12 \\ -\ 3 \\ \hline \end{array}
$$

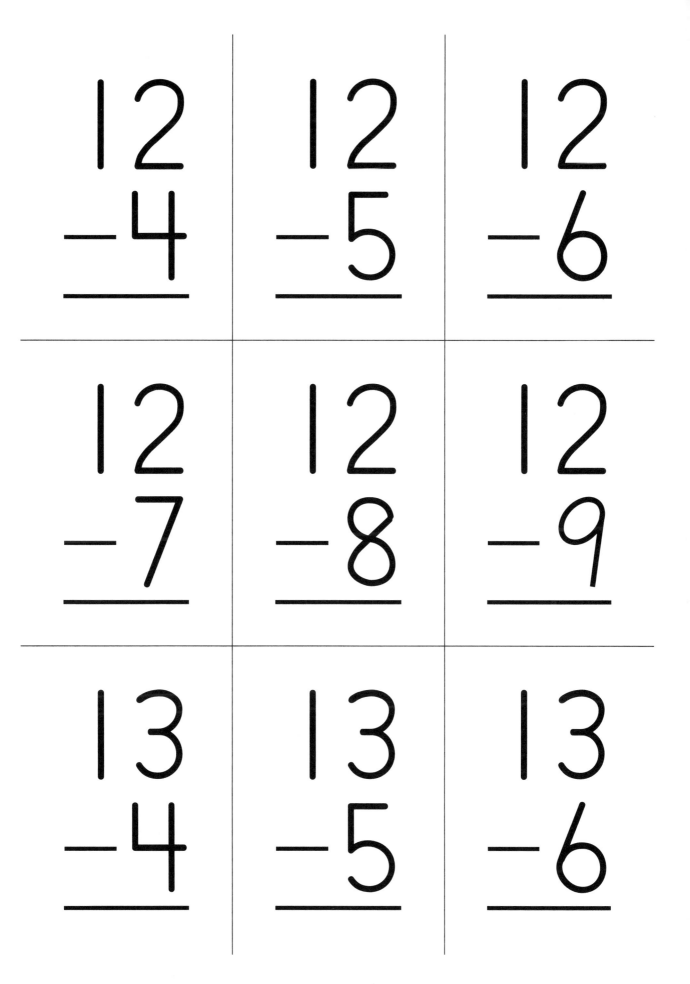

12	12	12
− 4	− 5	− 6

12	12	12
− 7	− 8	− 9

13	13	13
− 4	− 5	− 6

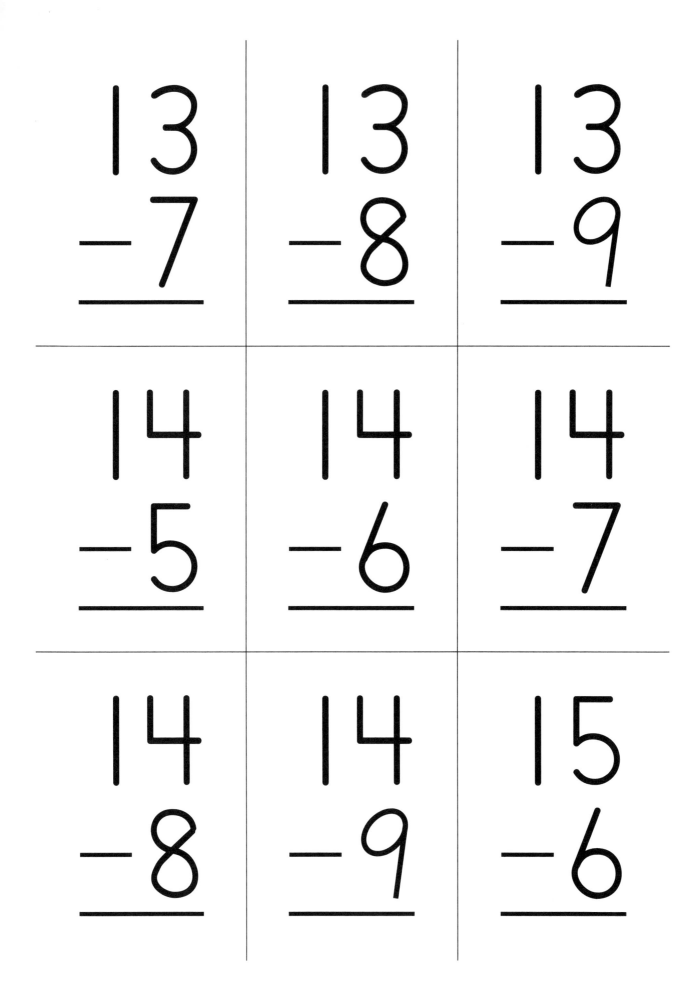

13 − 7	13 − 8	13 − 9
14 − 5	14 − 6	14 − 7
14 − 8	14 − 9	15 − 6

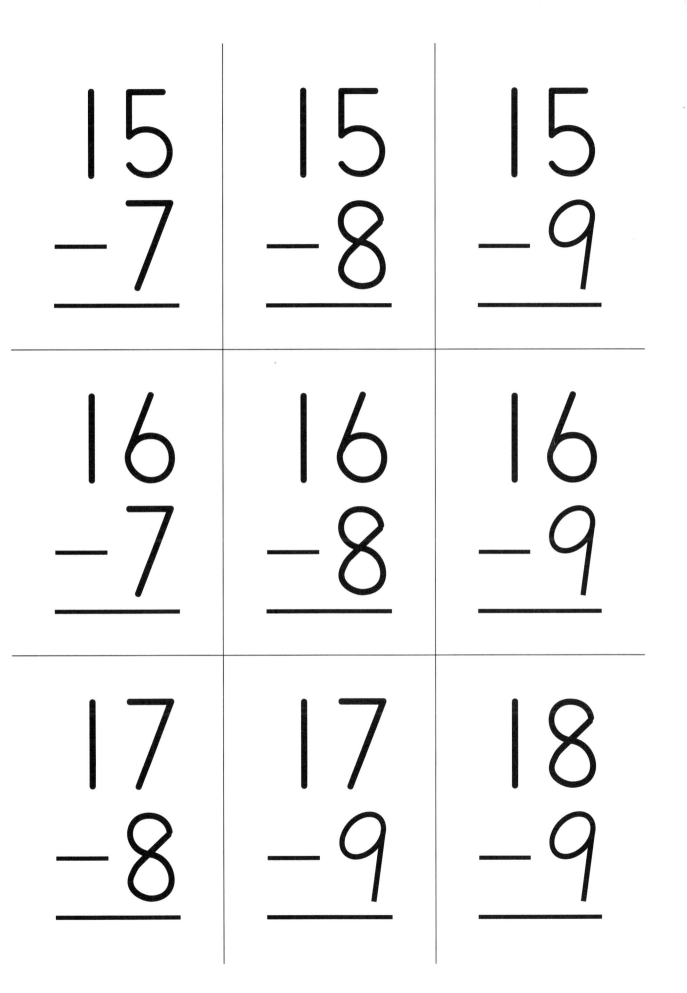

$$\begin{array}{r} 15 \\ -\ 7 \\ \hline \end{array} \qquad \begin{array}{r} 15 \\ -\ 8 \\ \hline \end{array} \qquad \begin{array}{r} 15 \\ -\ 9 \\ \hline \end{array}$$

$$\begin{array}{r} 16 \\ -\ 7 \\ \hline \end{array} \qquad \begin{array}{r} 16 \\ -\ 8 \\ \hline \end{array} \qquad \begin{array}{r} 16 \\ -\ 9 \\ \hline \end{array}$$

$$\begin{array}{r} 17 \\ -\ 8 \\ \hline \end{array} \qquad \begin{array}{r} 17 \\ -\ 9 \\ \hline \end{array} \qquad \begin{array}{r} 18 \\ -\ 9 \\ \hline \end{array}$$

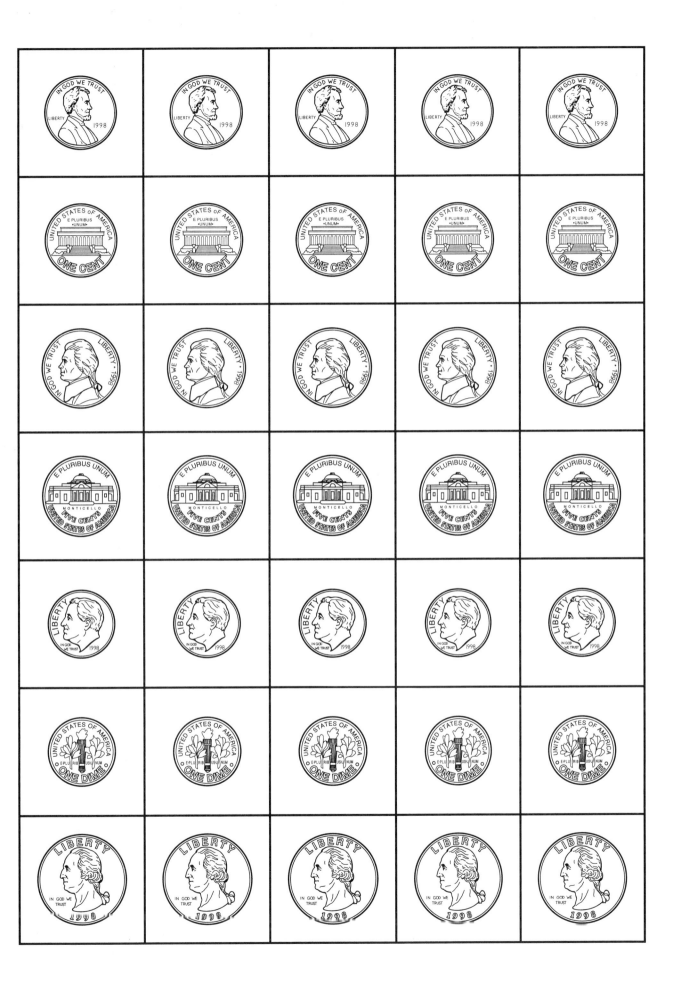

Monedas

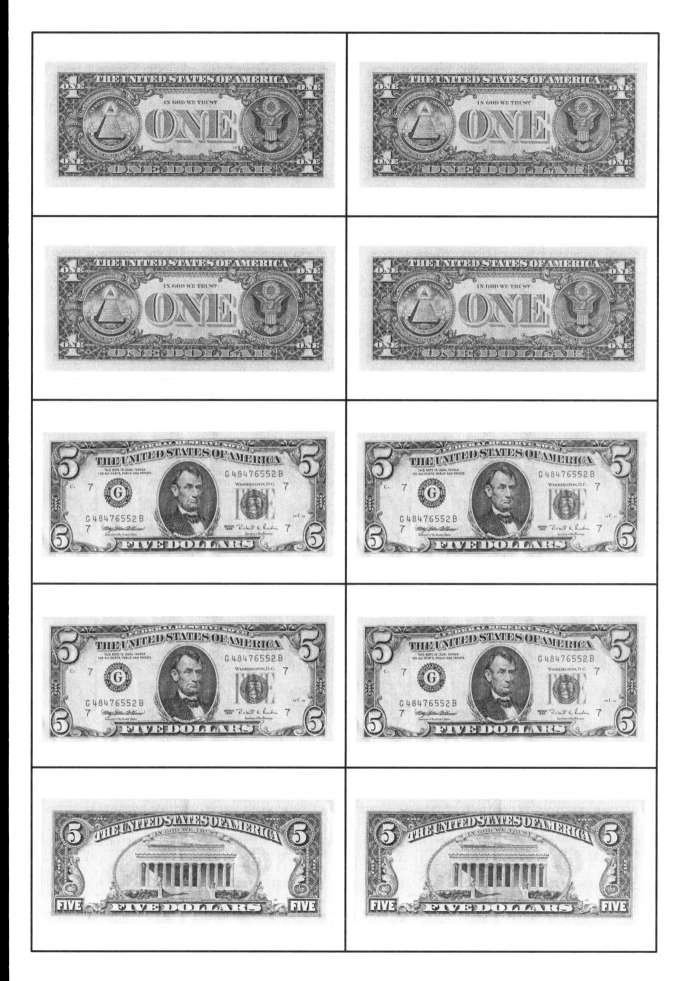

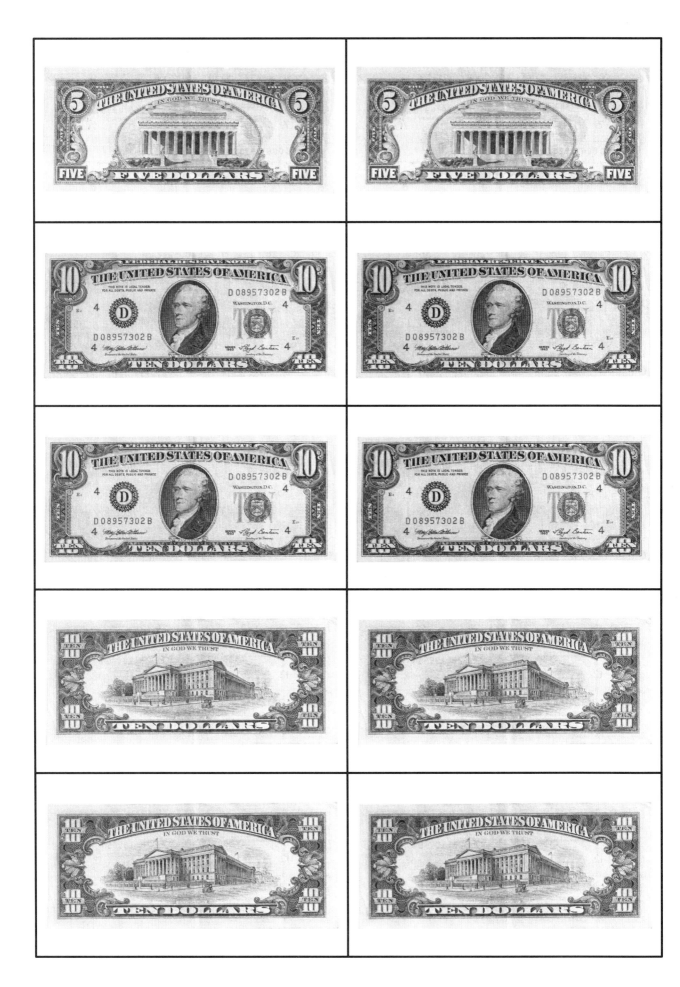

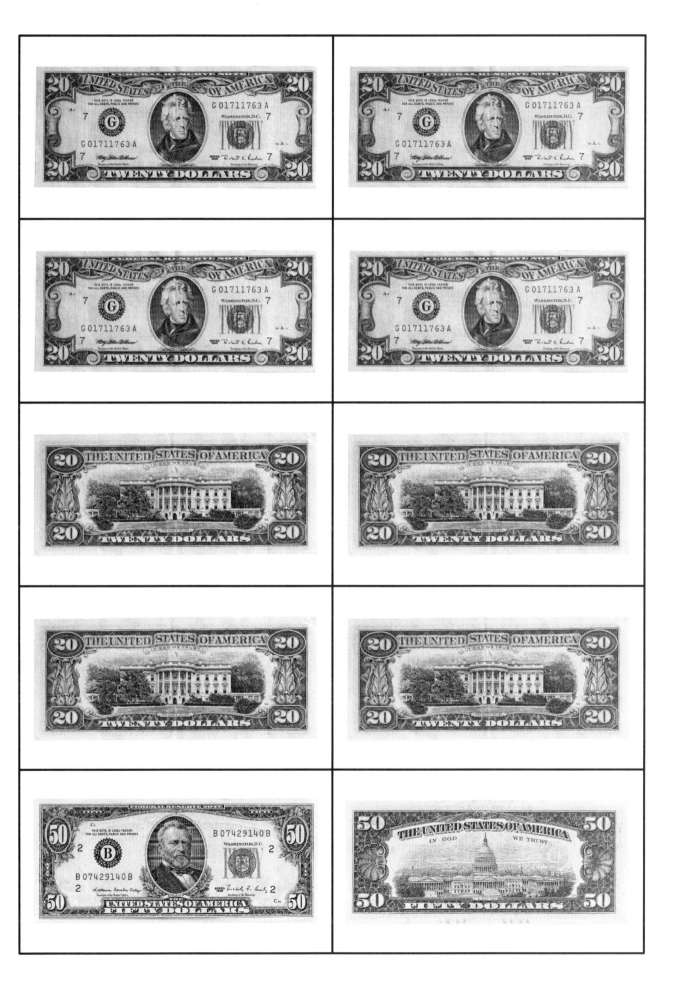

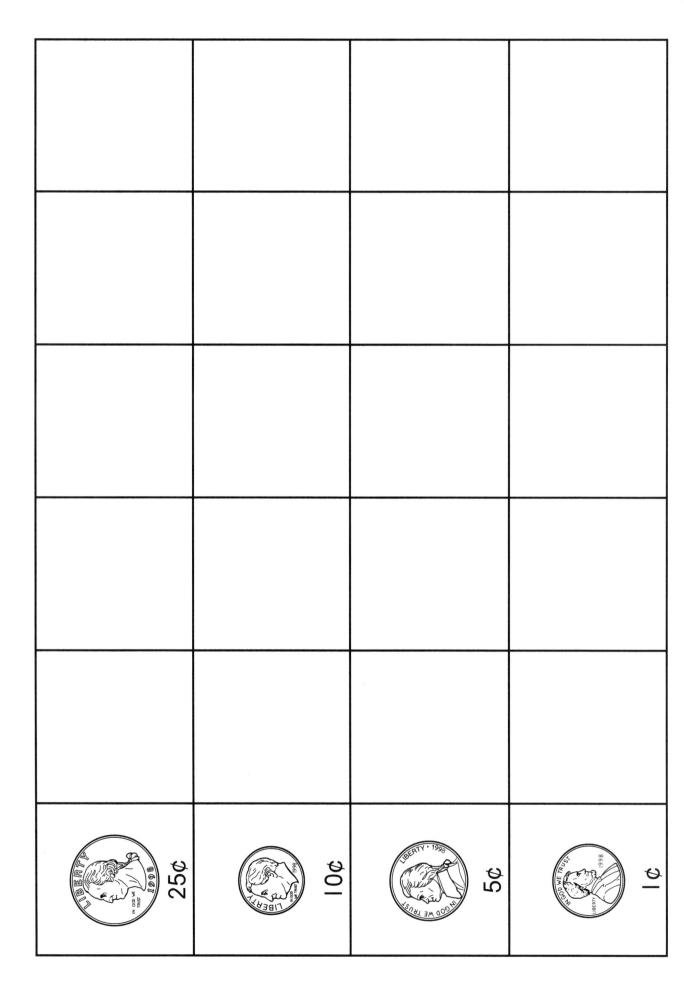

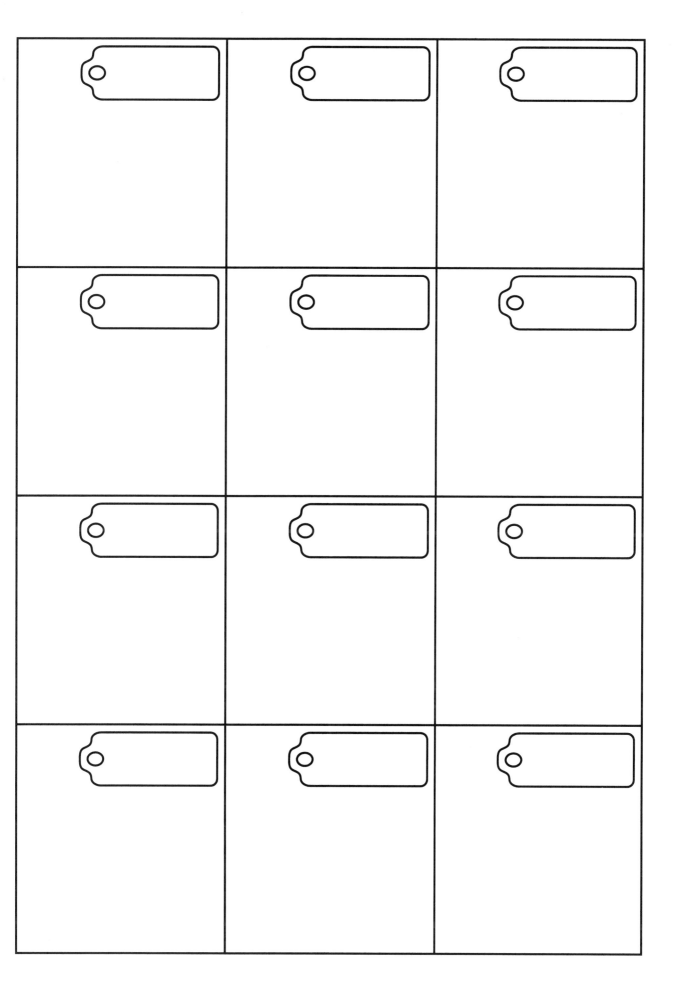

Etiquetas (en blanco)

Dibujos de juguetes (con etiquetas)

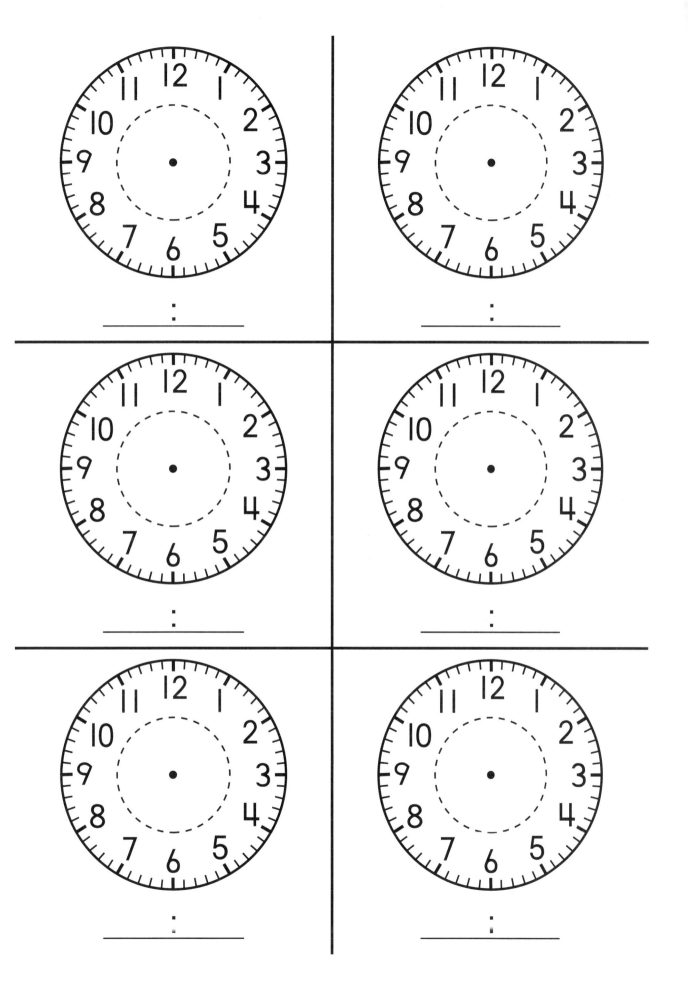

Esferas de reloj analógico

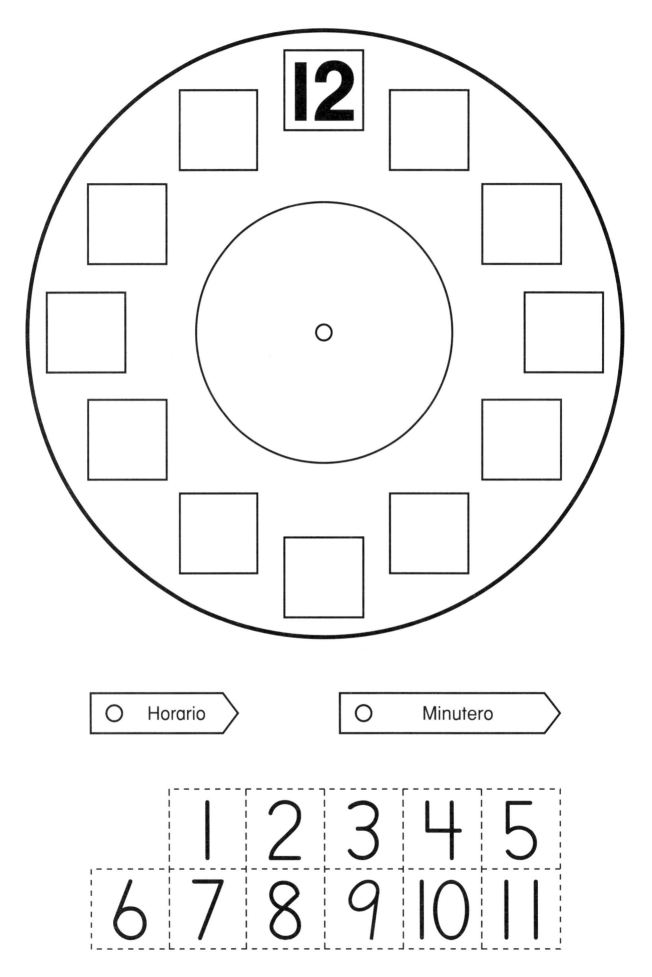

| 1 | 2 | 3 | 4 | 5 |
| 6 | 7 | 8 | 9 | 10 | 11 |

R62 Recursos de enseñanza

Patrón de la esfera de un reloj

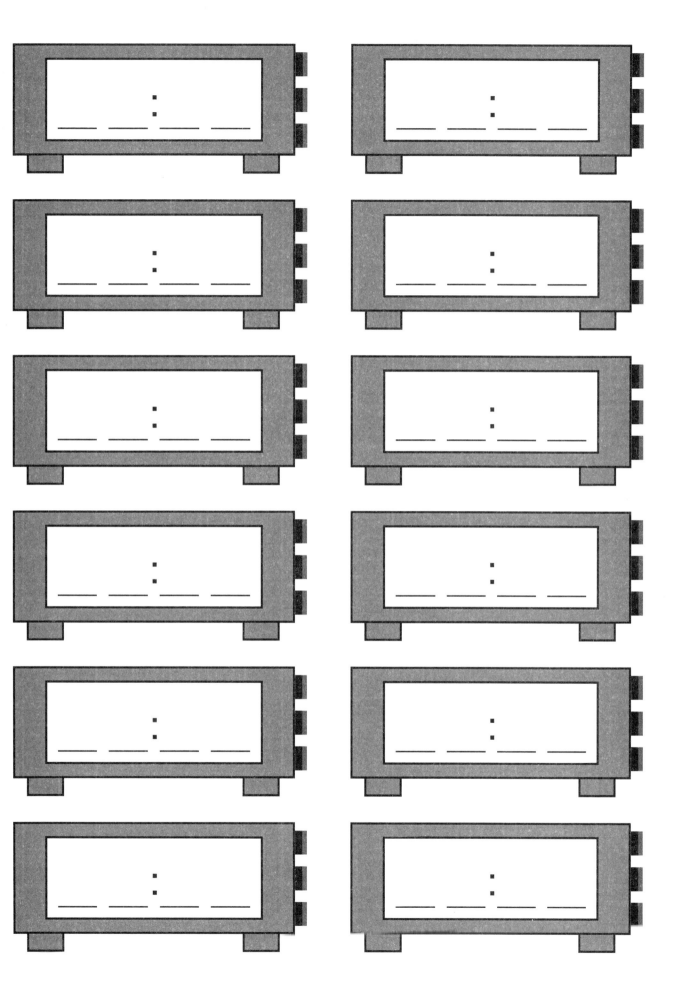

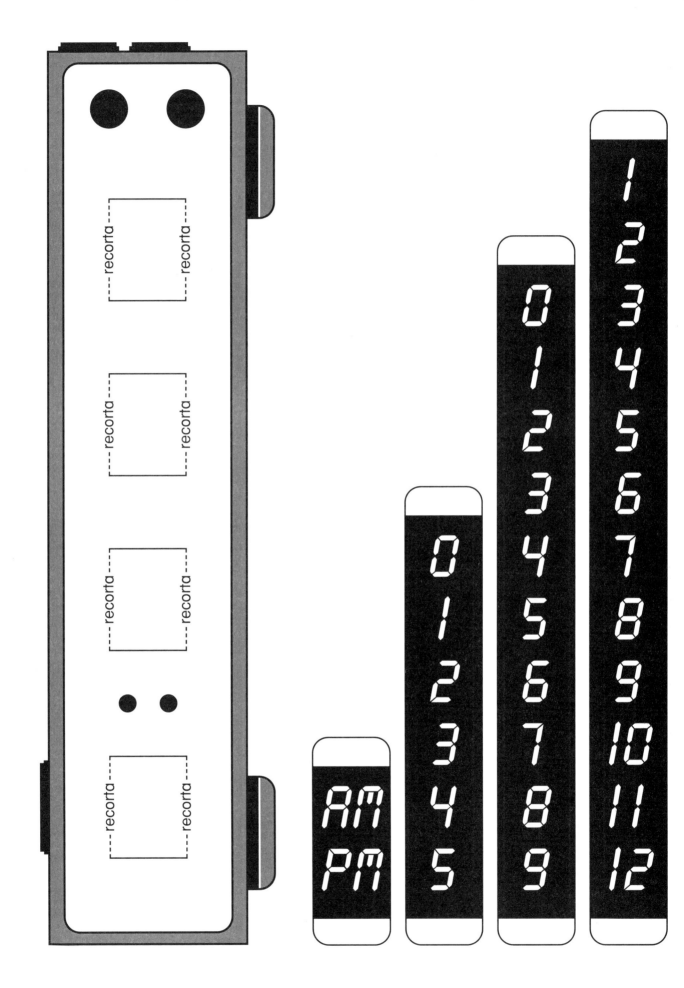

Modelo de un reloj digital

domingo	lunes	martes	miércoles	jueves	viernes	sábado

Calendario en blanco

Nombre _____

Usé	Estimé	Comprobé

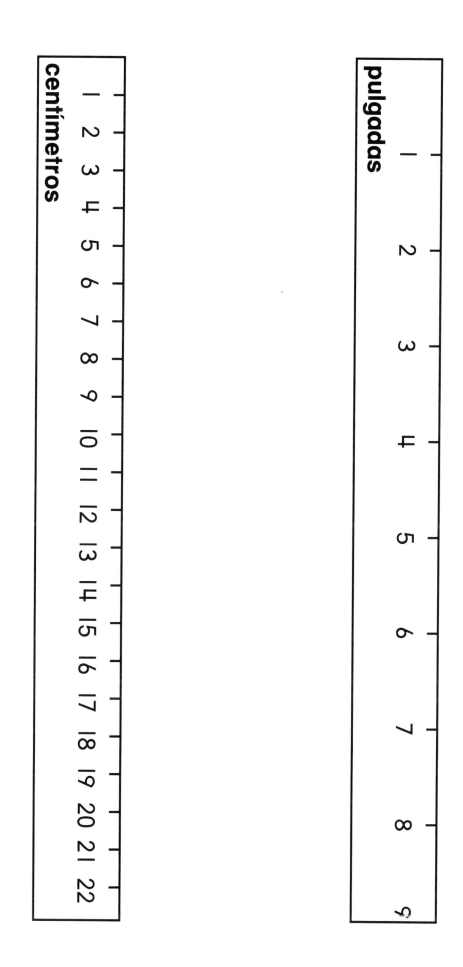

pulgadas

1 2 3 4 5 6 7 8 9

centímetros

1 2 3 4 5 6 7 8 9 10 11 12 13 14 15 16 17 18 19 20 21 22

Reglas

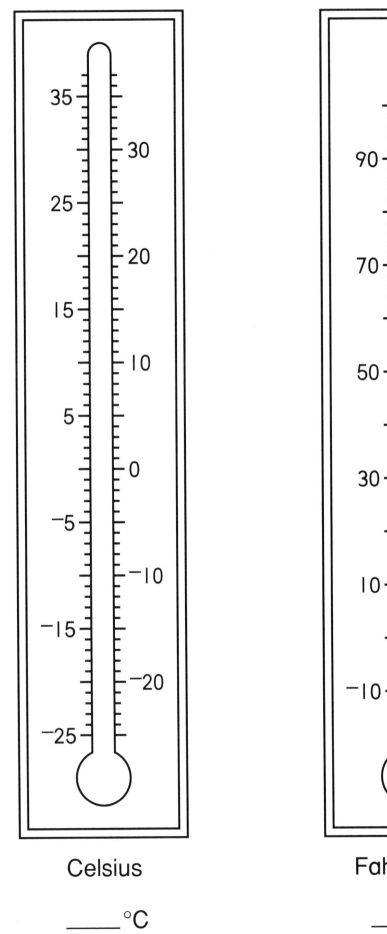

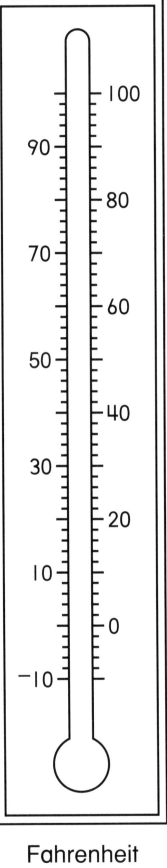

Celsius

Fahrenheit

_____ °C

_____ °F

Círculos

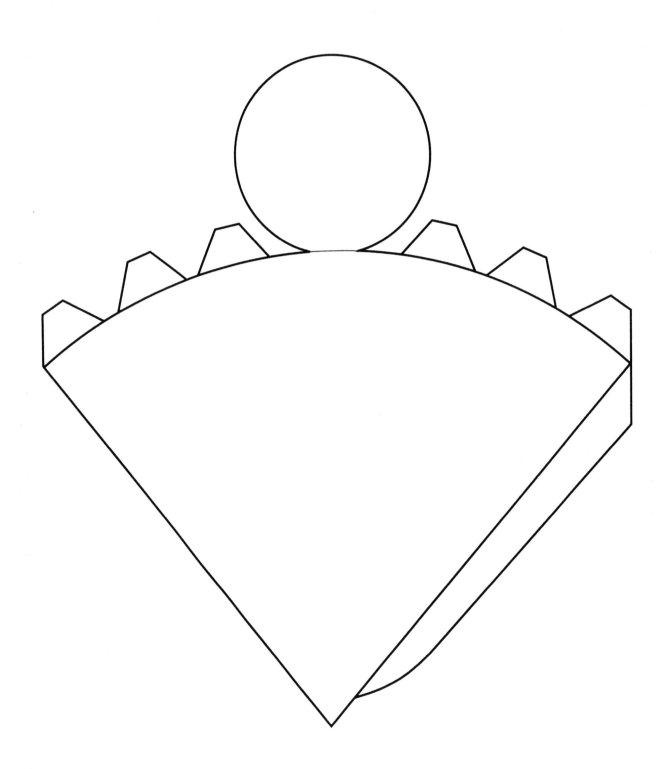

Patrón de un cono

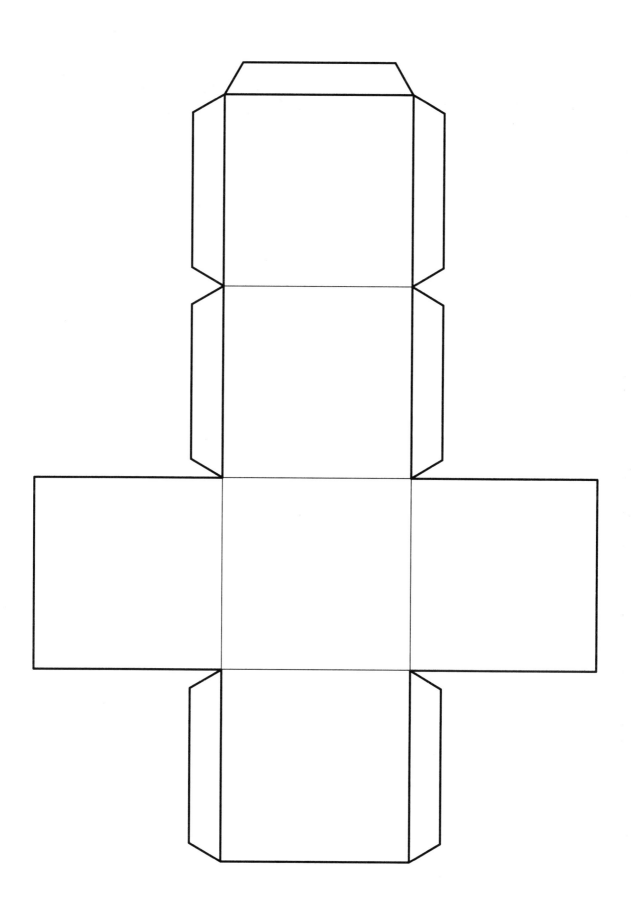

Patrón de un cubo

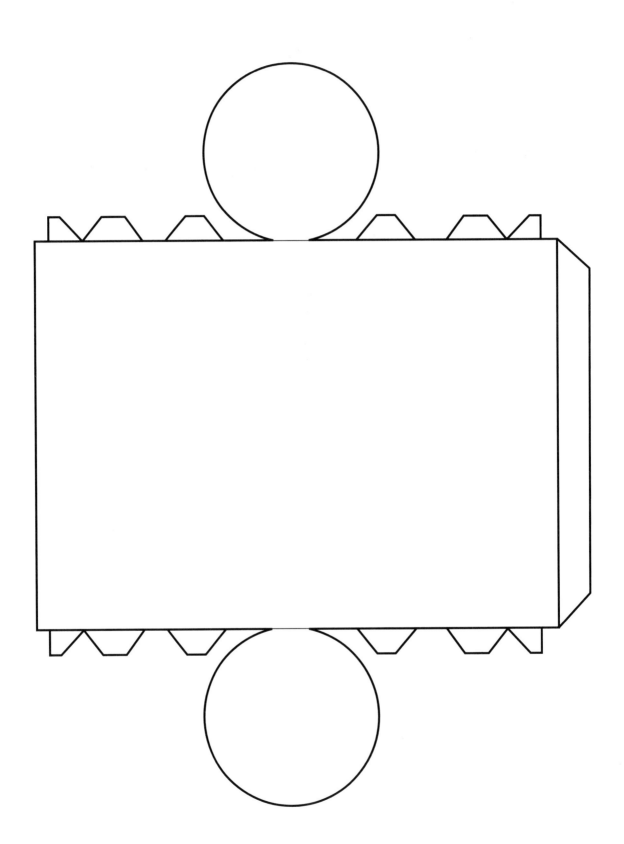

Patrón de un cilindro

Papel punteado

Papel punteado (isométrico)

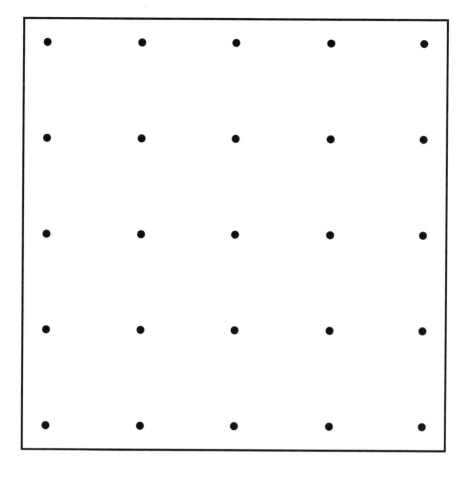

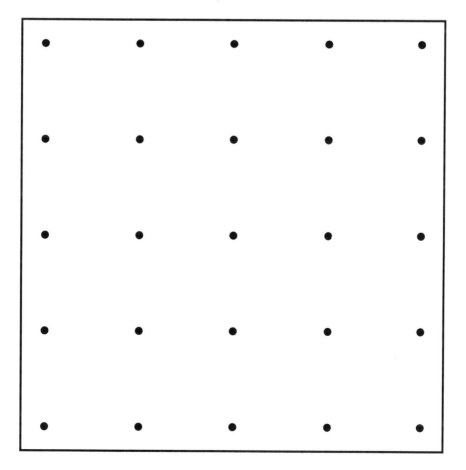

Papel de geotabla con puntos

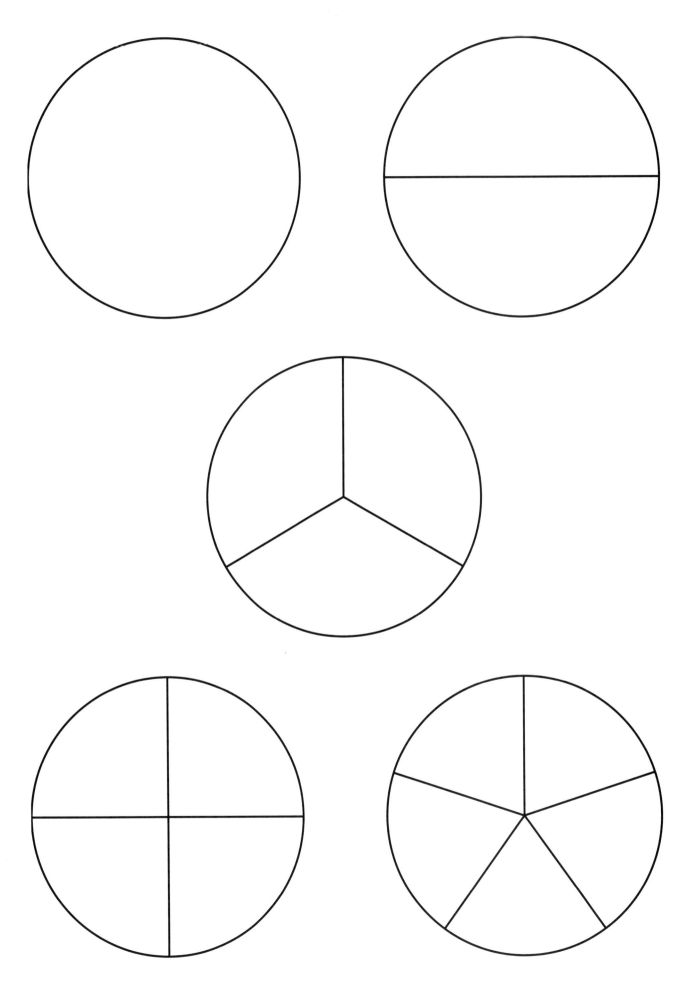

Círculos fraccionarios (enteros a quintos)

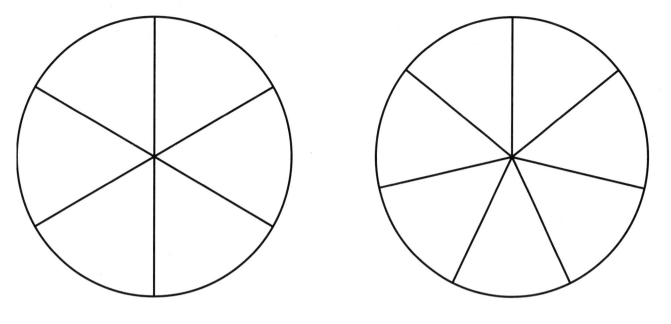

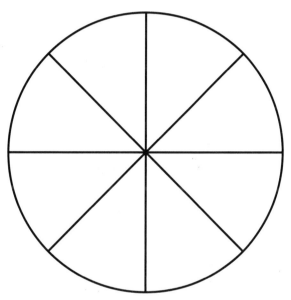

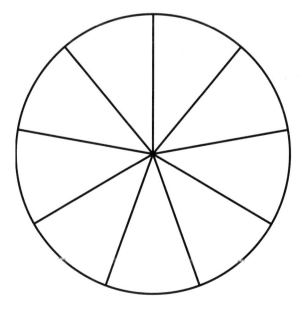

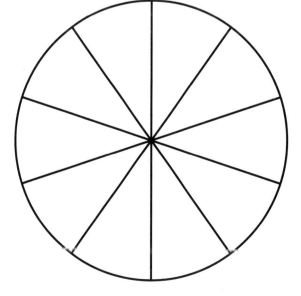

Círculos fraccionarios (sextos a décimos)

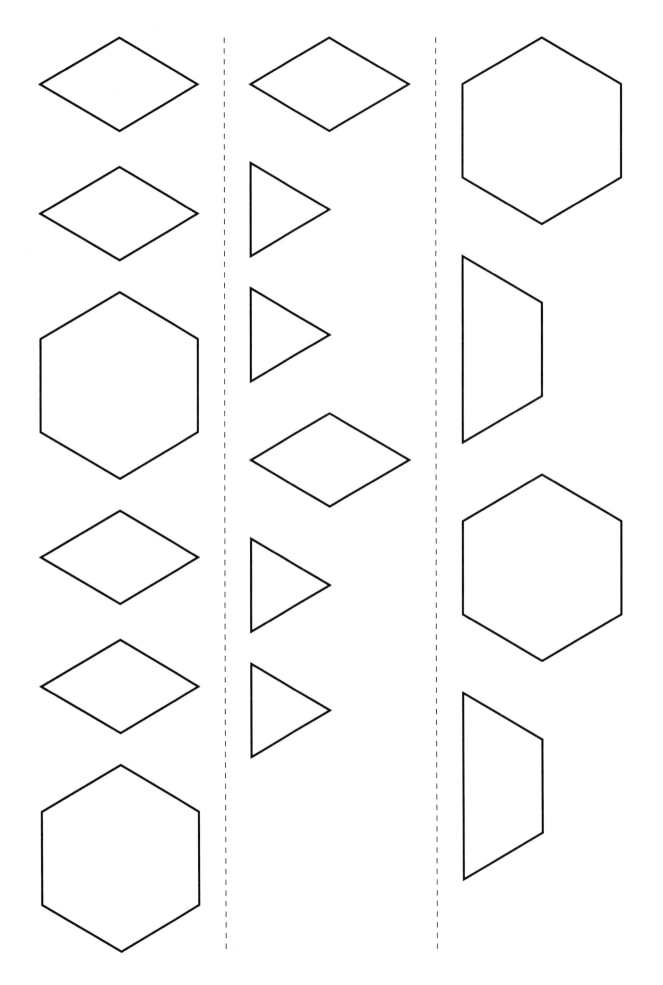

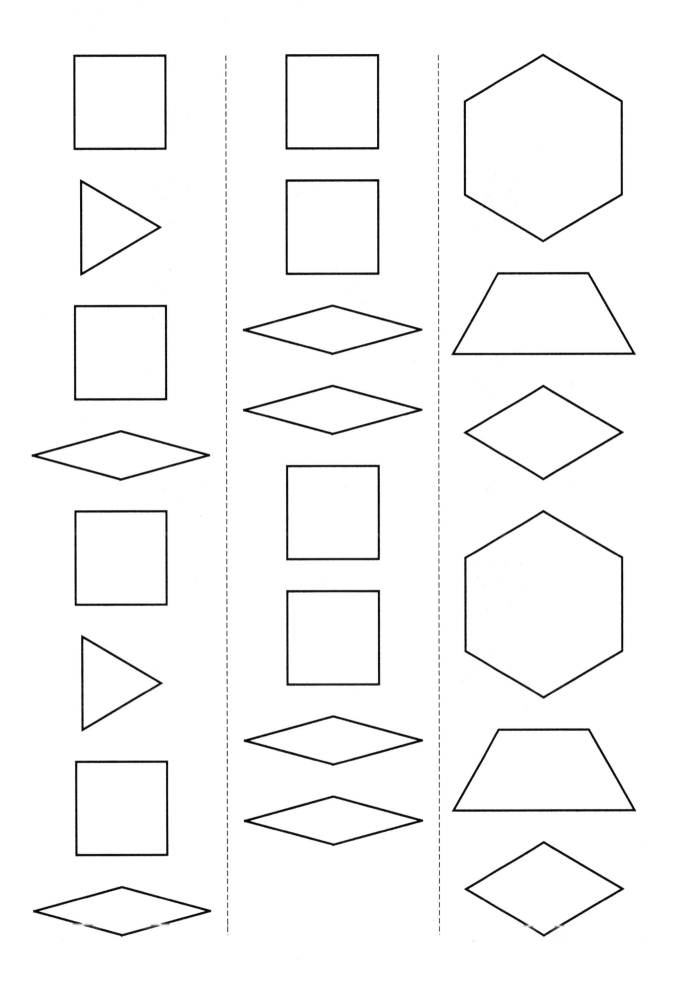

Tiras de patrones (2)

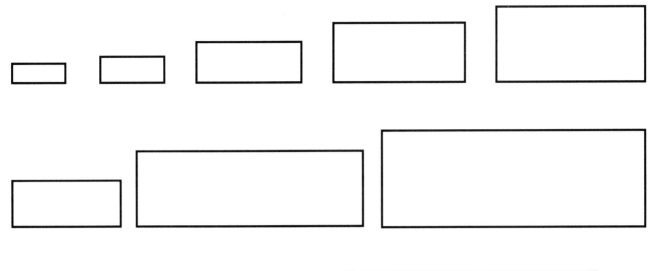

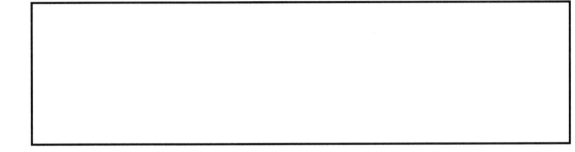

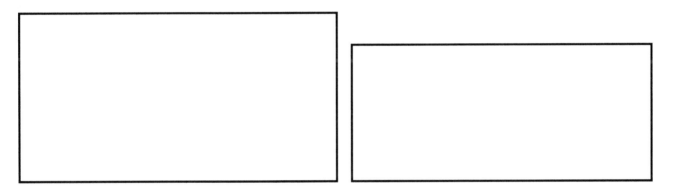

Rectángulos

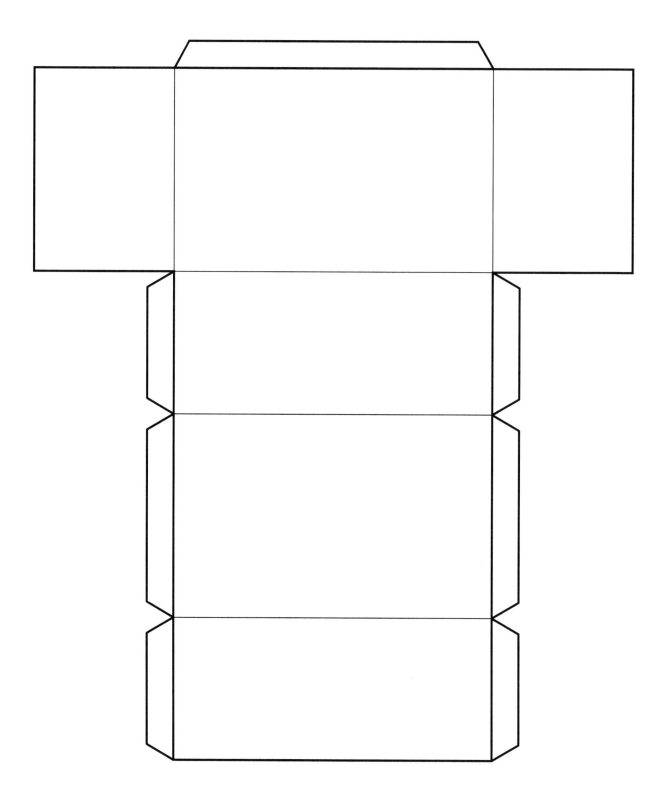

Patrón de un prisma rectangular

Cuadrados

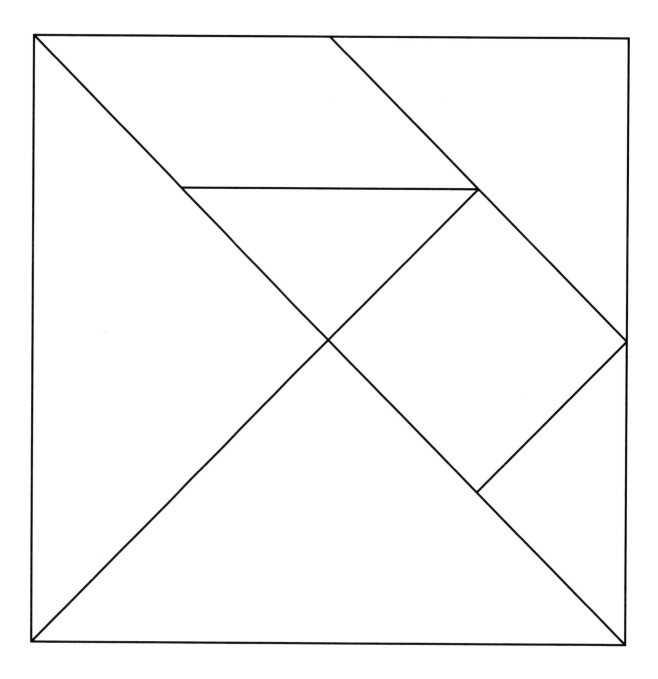

Patrón de un tanagrama

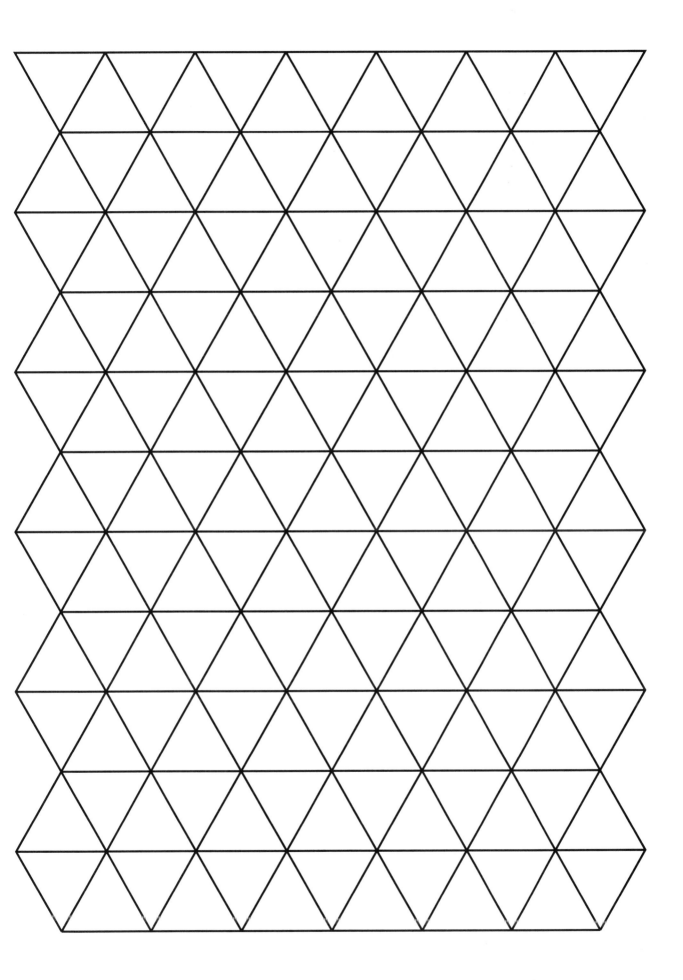

Cuadrícula de triángulos

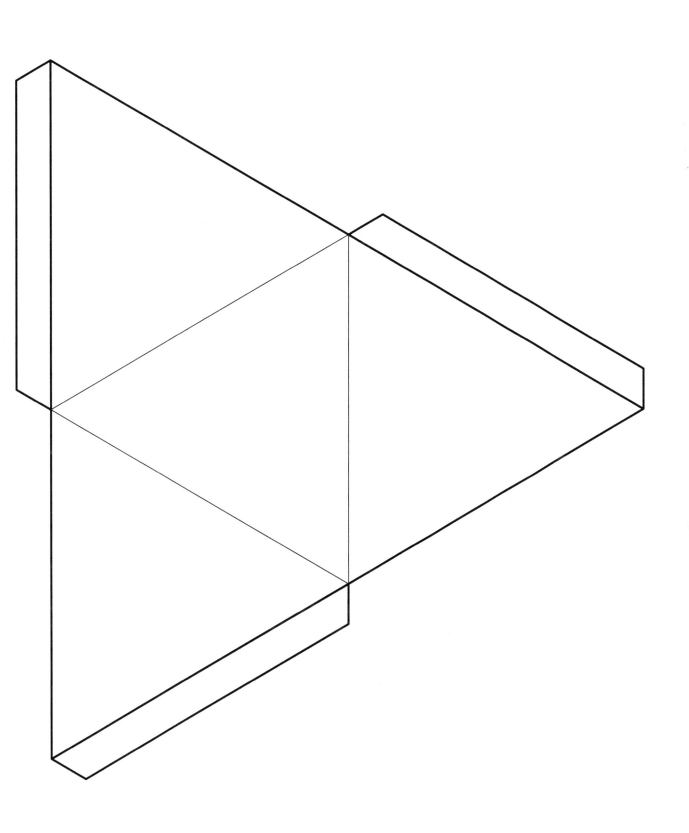

Patrón de pirámide de base triangular

Papel cuadriculado de 1 centímetro

Papel cuadriculado de 1 pulgada

Papel cuadriculado de 3⁄4 de pulgada

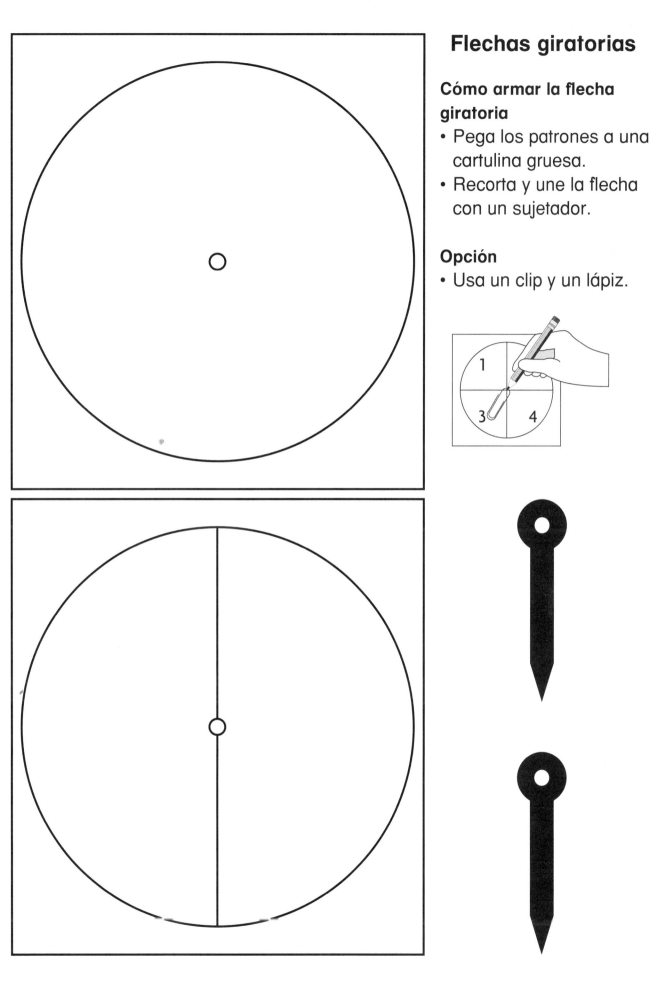

Flechas giratorias

Cómo armar la flecha giratoria

- Pega los patrones a una cartulina gruesa.
- Recorta y une la flecha con un sujetador.

Opción

- Usa un clip y un lápiz.

Flechas giratorias (en blanco y en 2 secciones)

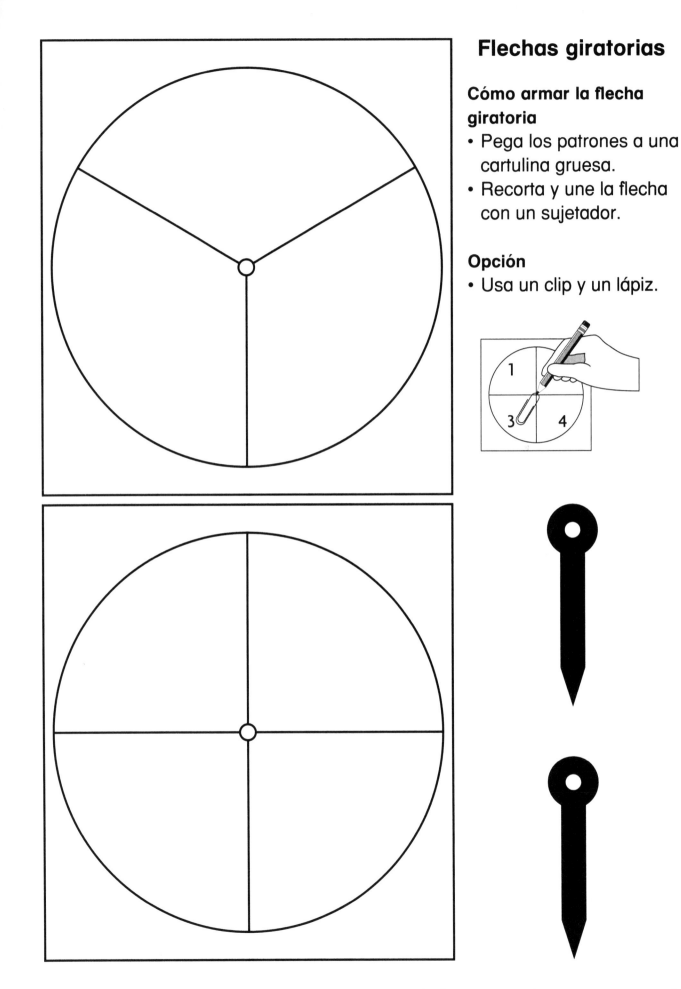

Flechas giratorias

Cómo armar la flecha giratoria
- Pega los patrones a una cartulina gruesa.
- Recorta y une la flecha con un sujetador.

Opción
- Usa un clip y un lápiz.

Flechas giratorias

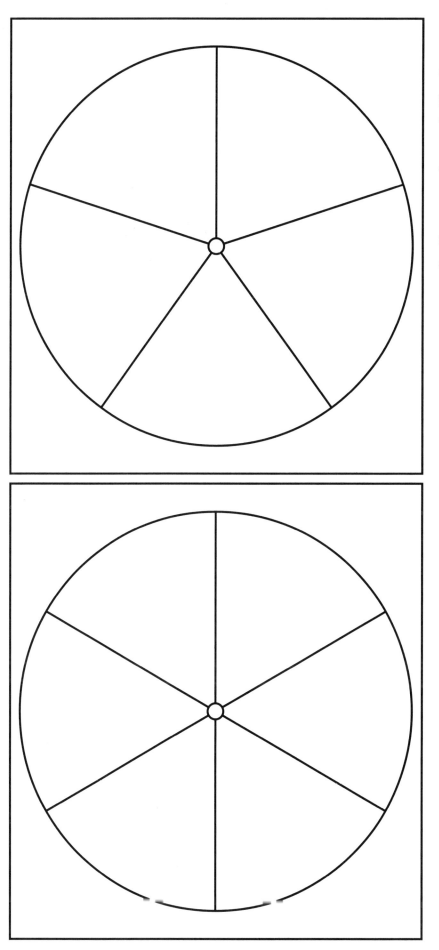

Cómo armar la flecha giratoria

- Pega los patrones a una cartulina gruesa.
- Recorta y une la flecha con un sujetador.

Opción

- Usa un clip y un lápiz.

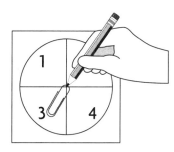

Flechas giratorias (en 5 y en 6 secciones)

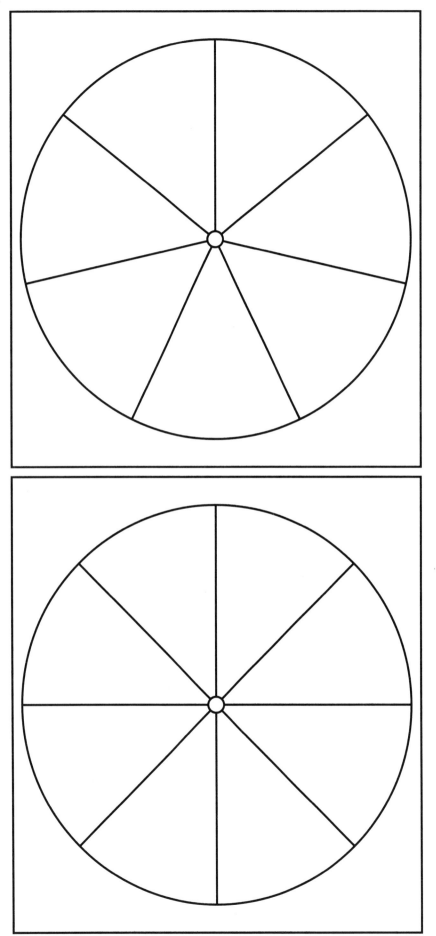

Flechas giratorias

Cómo armar la flecha giratoria
- Pega los patrones a una cartulina gruesa.
- Recorta y une la flecha con un sujetador.

Opción
- Usa un clip y un lápiz.

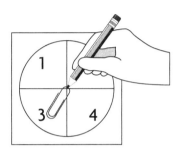

Flechas giratorias (en 7 y en 8 secciones)

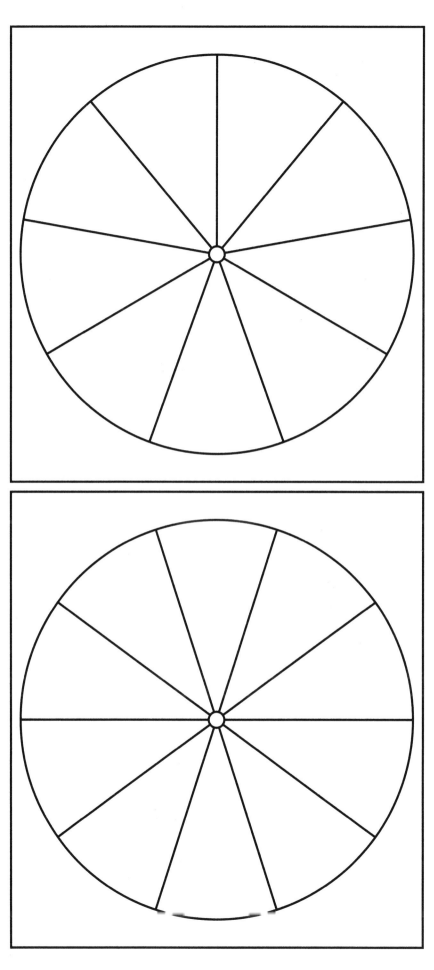

Flechas giratorias

Cómo armar la flecha giratoria
- Pega los patrones a una cartulina gruesa.
- Recorta y une la flecha con un sujetador.

Opción
- Usa un clip y un lápiz.

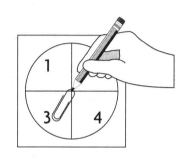

		Total

		Total

R96 Recursos de enseñanza

Tabla de conteo

Final

Comienzo

Tapete • Tablero de juego

Recursos de enseñanza R97

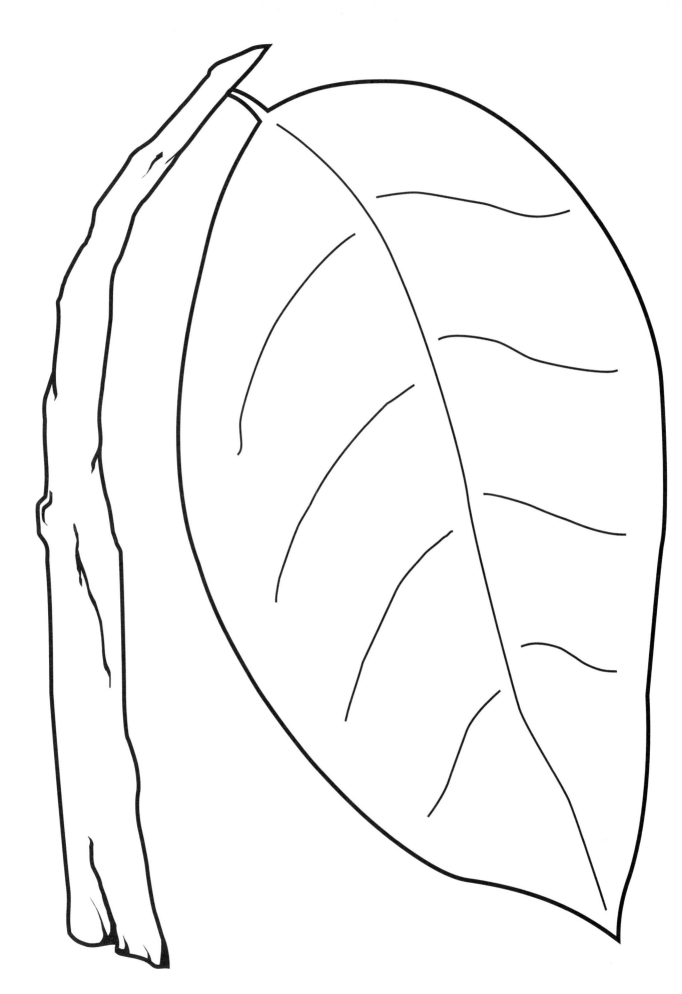

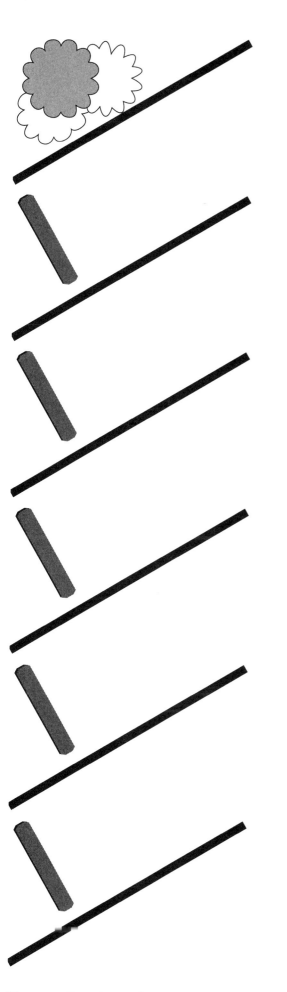
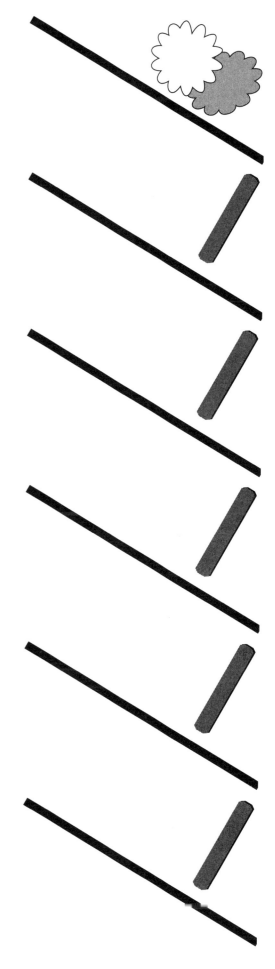

Tapete • Estacionamiento

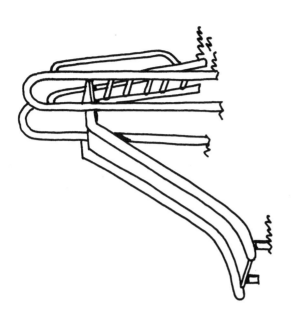

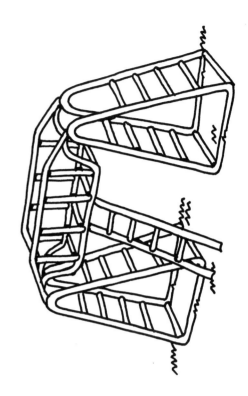

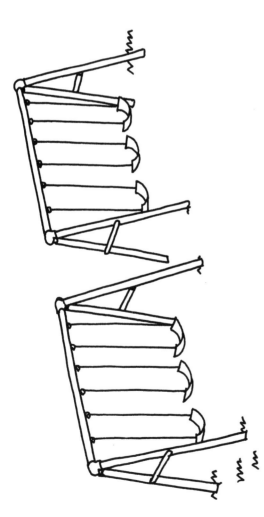

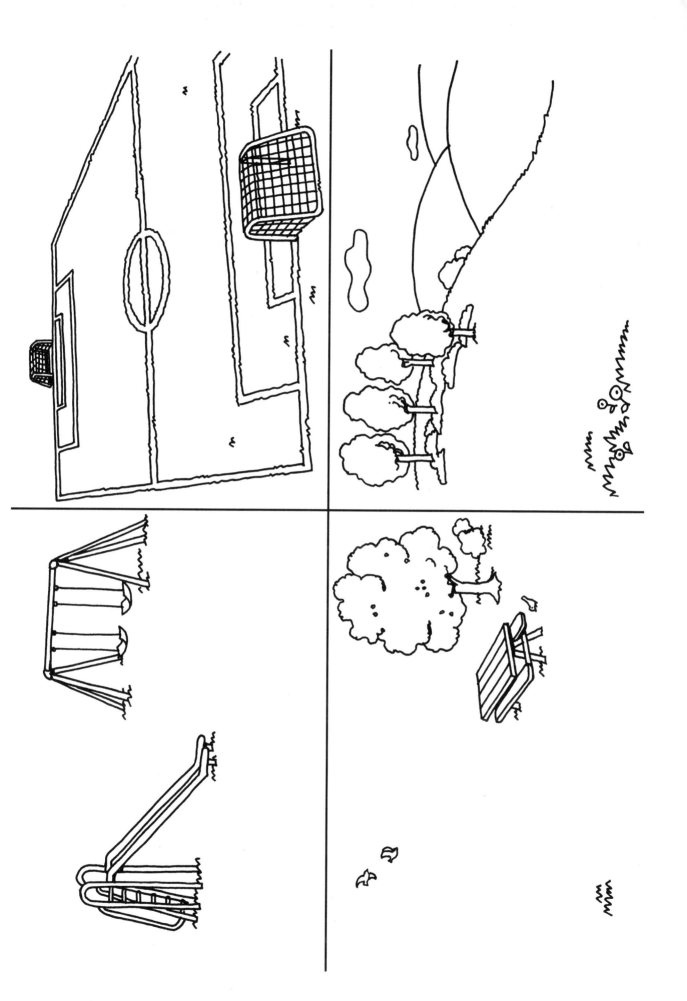

Tapete para hacer cuentos

Tapete 1

Tapete 3

Decenas	Unidades

Tapete 4

Moneda de 25¢	Moneda de 10¢	Moneda de 5¢	Moneda de 1¢

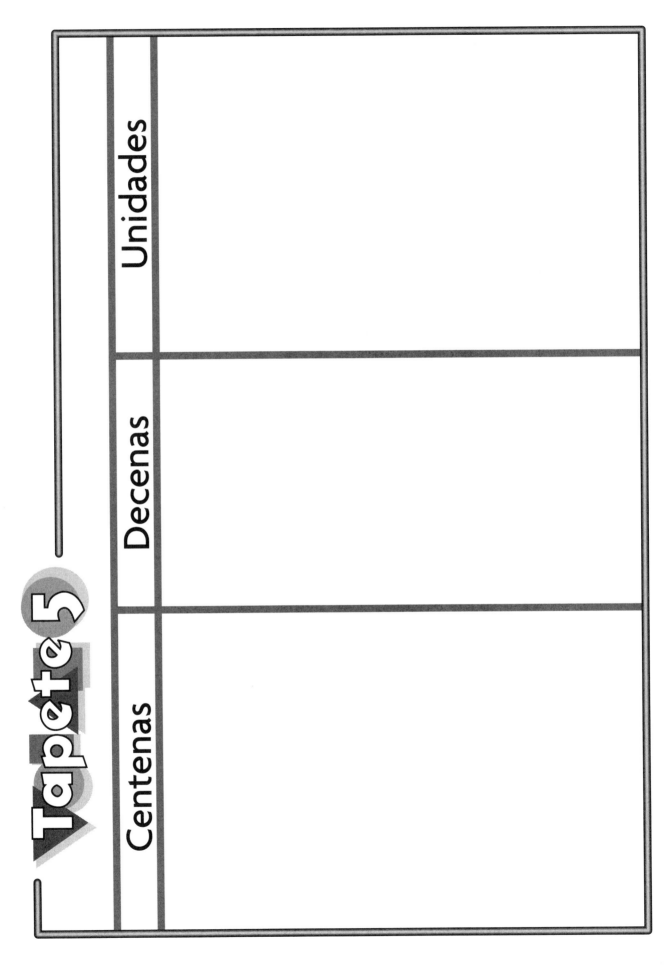

Tapete 5

Centenas	Decenas	Unidades

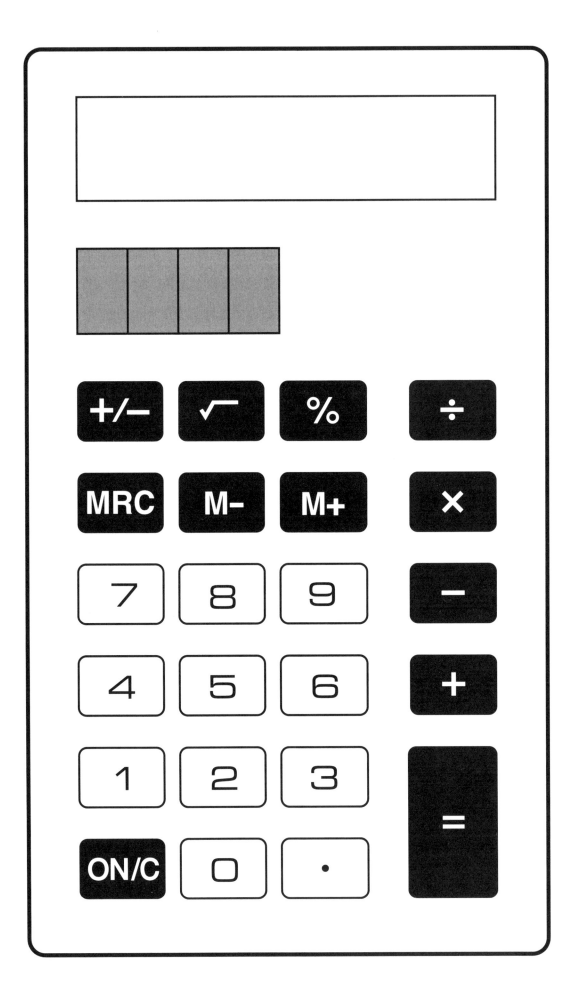

Patrón de un árbol y de una manzana

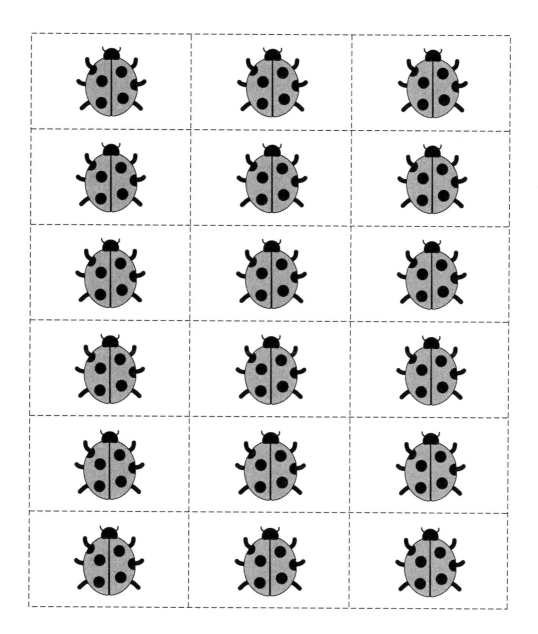

Fichas de mariquitas

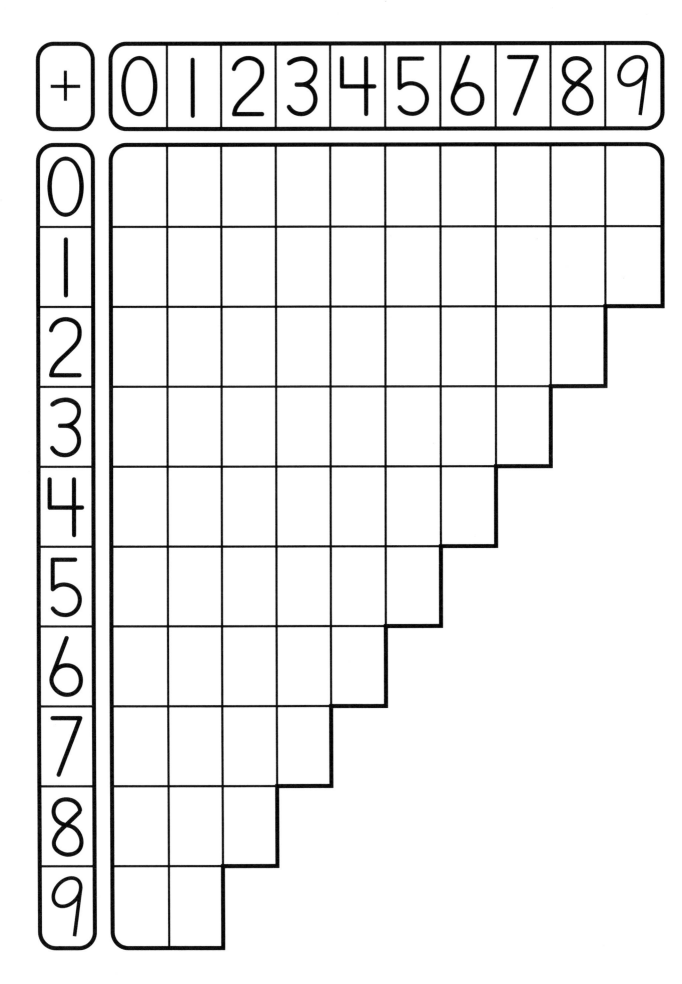

Tabla de sumar modificada

Nombre _____

Comprender

1. Indica el problema en tus propias palabras.

_____

_____

_____

2. ¿Qué quieres averiguar?

_____

_____

_____

Planear

3. ¿Cómo vas a resolver el problema?

_____

_____

_____

Resolver

4. Muestra cómo resolviste el problema.

_____

_____

_____

Revisar

5. ¿Cómo puedes comprobar tu respuesta?

_____

_____

_____

Matemáticas
MI VENTAJA

TARJETAS DE VOCABULARIO

En esta sección se incluyen las tarjetas de vocabulario. Para cada palabra nueva de vocabulario que se enseña en este grado, se incluye una tarjeta de vocabulario.

En cada página hay cuatro tarjetas. Cada tarjeta tiene por un lado la palabra sola y por el otro lado, una ilustración y oración que ayuda a los niños a recordar la palabra y su significado. El capítulo donde se enseña la palabra aparece en la parte inferior de cada tarjeta.

Los niños pueden guardar sus tarjetas en un archivo de palabras de matemáticas—cualquier caja y hasta una bolsita plástica pueden servir de archivo. Pida a los niños que usen su archivo de palabras de matemáticas para revisar las palabras de vocabulario y su ortografía.

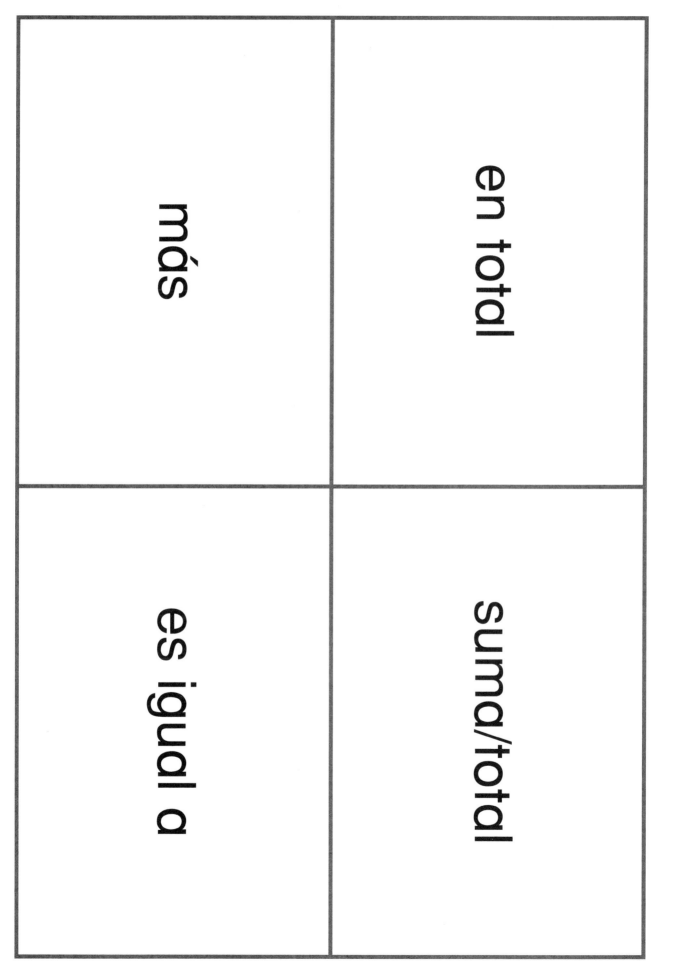

más

en total

es igual a

suma/total

suma/total

$3 + 1 = 4$ suma/total

La **suma** o **total** es 4.

en total

$3 + 2 = 5$

Hay 5 tortugas **en total**.

es igual a =

$3 + 1 = 4$

Tres más 1 **es igual a** 4.

más +

$3 + 2 = 5$

Tres **más** 2 es igual a 5.

enunciado
de suma

enunciado
de resta

quedan

menos

enunciado de suma

$$2 + 2 = 4$$

Éste es un **enunciado de suma**.

enunciado de resta

$$4 - 1 = 3$$

Éste es un **enunciado de resta**.

quedan

Un pollo se va.
Cuatro pollos **quedan**.

menos –

$$5 - 2 = 3$$

Cinco **menos** 2 es igual a 3.

combinaciones
de sumas

diferencia

cantidad total

propiedad
de orden

diferencia

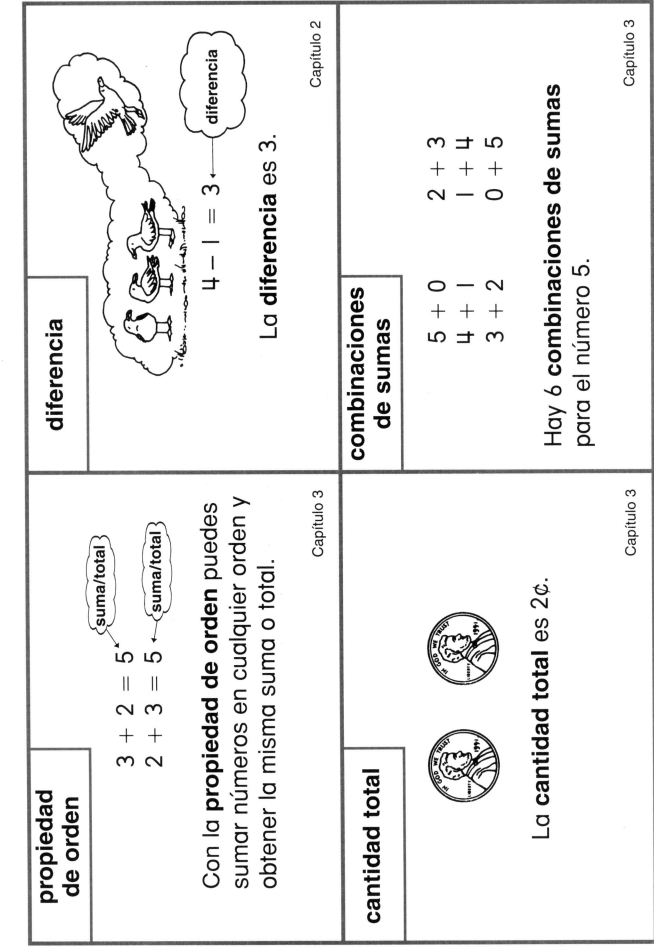

$$4 - 1 = 3$$

diferencia

La **diferencia** es 3.

---

combinaciones de sumas

$$5 + 0 \qquad 2 + 3$$
$$4 + 1 \qquad 1 + 4$$
$$3 + 2 \qquad 0 + 5$$

Hay 6 **combinaciones de sumas** para el número 5.

---

propiedad de orden

$$3 + 2 = 5$$

suma/total

$$2 + 3 = 5$$

suma/total

Con la **propiedad de orden** puedes sumar números en cualquier orden y obtener la misma suma o total.

---

cantidad total

La **cantidad total** es 2¢.

---

contar hacia
adelante

moneda de 1 ¢

dobles

centavo

moneda de 1¢

1¢ o 1 centavo

contar hacia adelante

Cuenta hacia adelante de 5 para sumar 5 + 3.

Piensa 5   Cuenta **6, 7, 8**

$$5 + 3 = 8$$

centavo

signo de centavo

1¢

Una moneda de 1¢ vale un **centavo**.

dobles

4 + 4
5 + 5
6 + 6

Cuando sumas el mismo número dos veces se llama un **doble**.

combinaciones
de restas

comparar

familia de
operaciones

recta numérica

combinaciones de restas

$$5 - 5 \qquad 5 - 2$$
$$5 - 4 \qquad 5 - 1$$
$$5 - 3 \qquad 5 - 0$$

Hay 6 **combinaciones de restas** para el número 5.

comparar

Empareja las ovejas para **comparar** los números en cada fila.

familia de operaciones

$$\mathbf{2} + \mathbf{3} = \mathbf{5}$$
$$3 + 2 = 5$$
$$5 - 2 = 3$$
$$5 - 3 = 2$$

Una **familia de operaciones** usa 3 números para hacer 4 enunciados numéricos.

recta numérica

0 1 2 3 4 5 6 7 8 9 10

contar hacia
atrás

cuerpos
geométricos

cero

cara plana

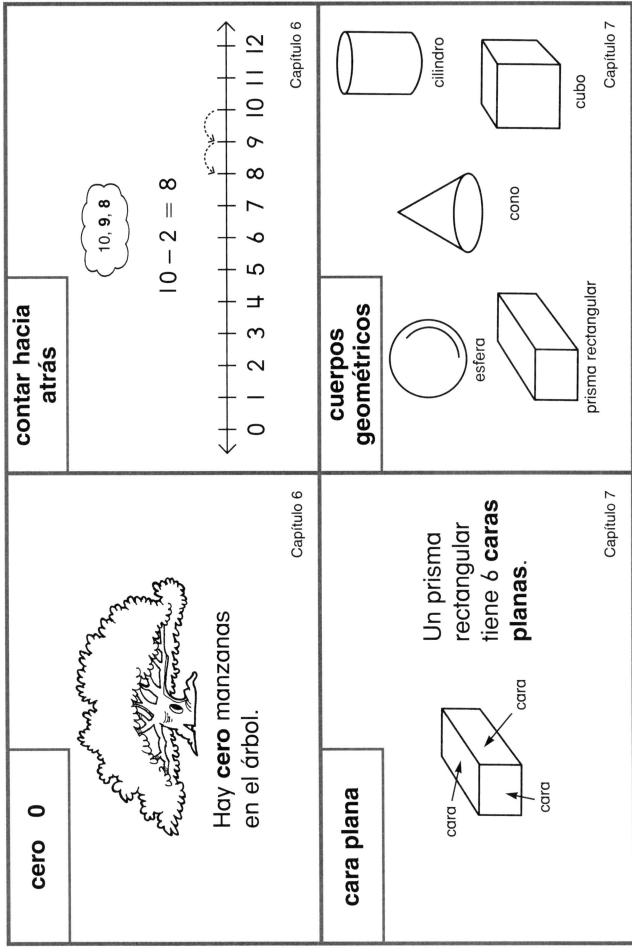

contar hacia atrás

10, 9, 8

$10 - 2 = 8$

0 1 2 3 4 5 6 7 8 9 10 11 12

Capítulo 6

cuerpos geométricos

cilindro

cubo

cono

esfera

prisma rectangular

Capítulo 7

cero 0

Hay **cero** manzanas en el árbol.

Capítulo 6

cara plana

Un prisma rectangular tiene 6 **caras planas**.

cara

cara

cara

Capítulo 7

prisma
rectangular

cono

esfera

cilindro

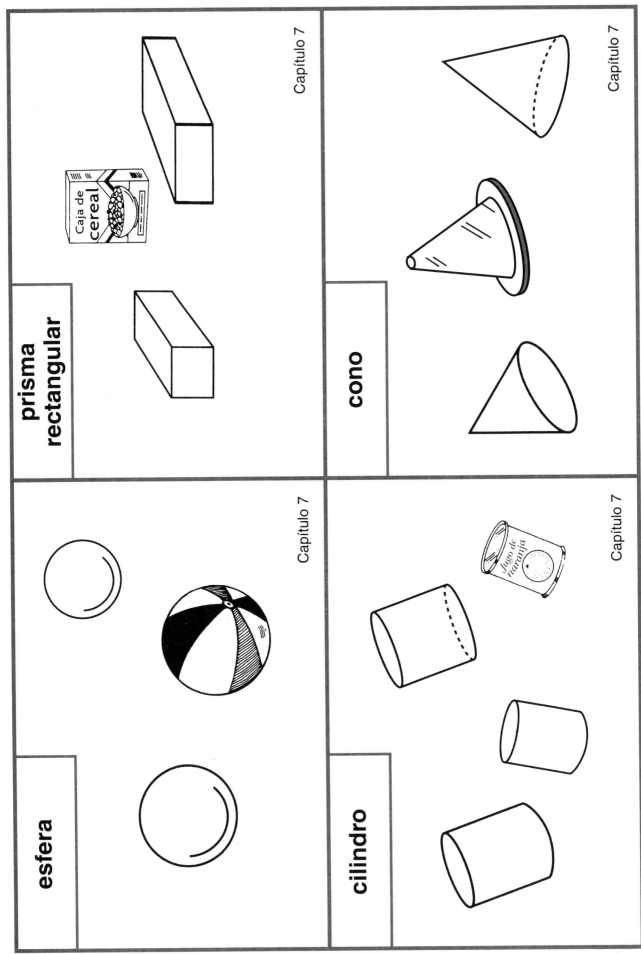

prisma rectangular

Caja de cereal

esfera

cono

cilindro

Jugo de naranja

apilar

cubo

rodar

pirámide

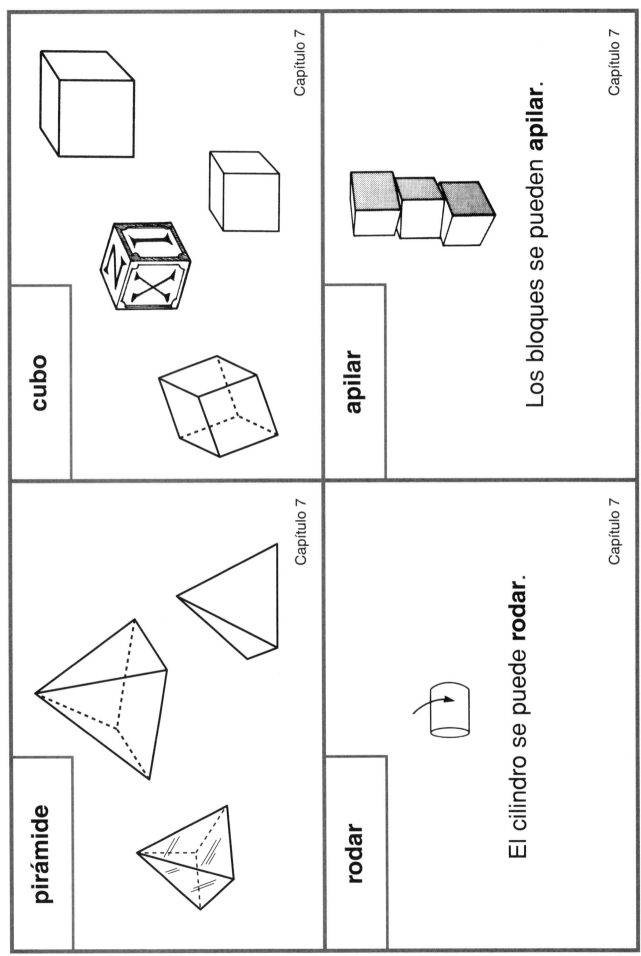

cubo

apilar

Los bloques se pueden **apilar**.

pirámide

rodar

El cilindro se puede **rodar**.

trasladar

rectángulo

círculo

cuadrado

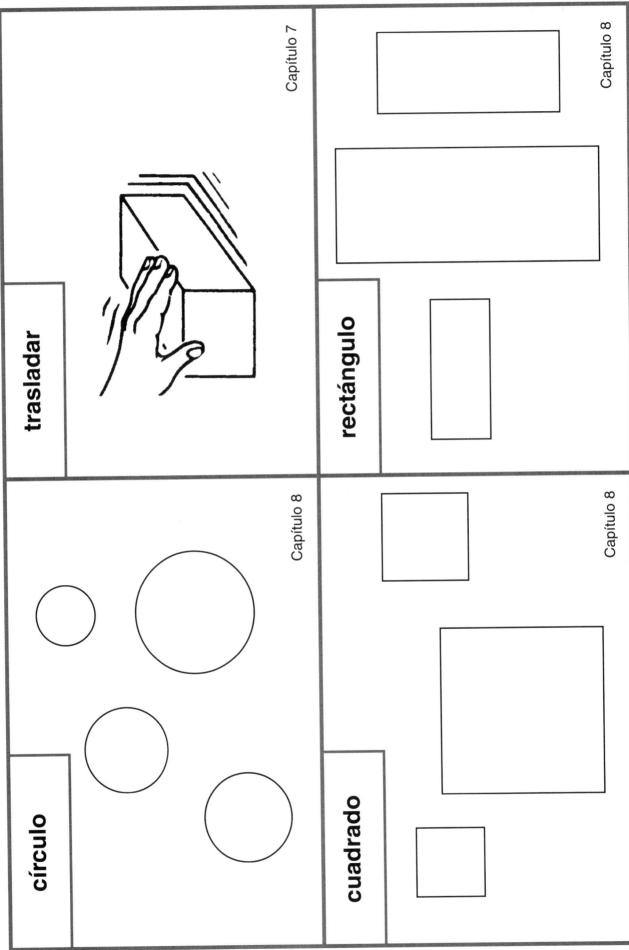

trasladar

Capítulo 7

círculo

Capítulo 8

rectángulo

Capítulo 8

cuadrado

Capítulo 8

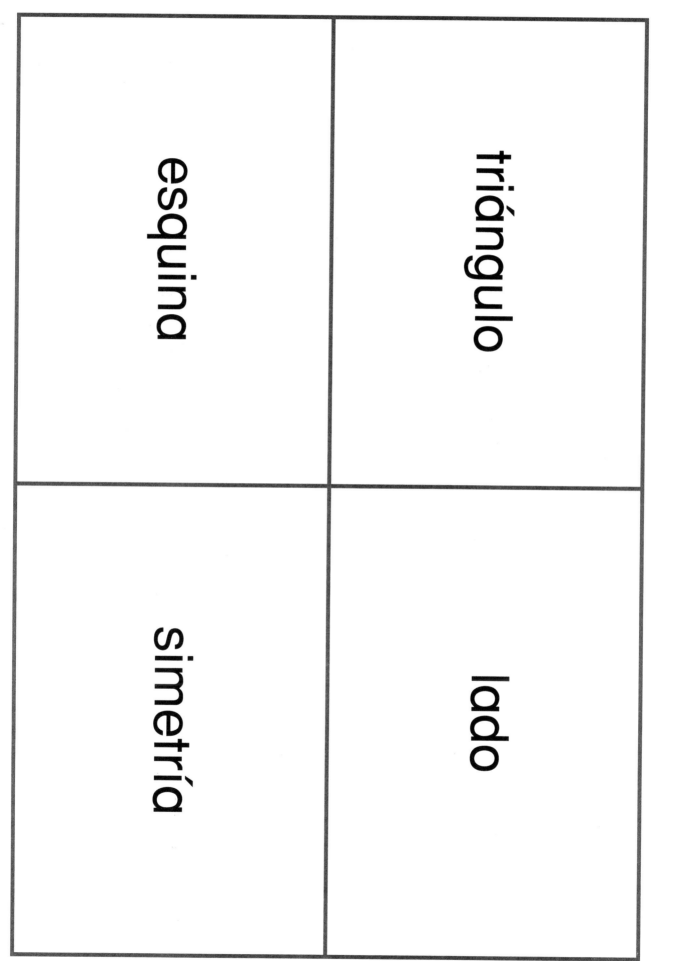

triángulo

esquina

lado

simetría

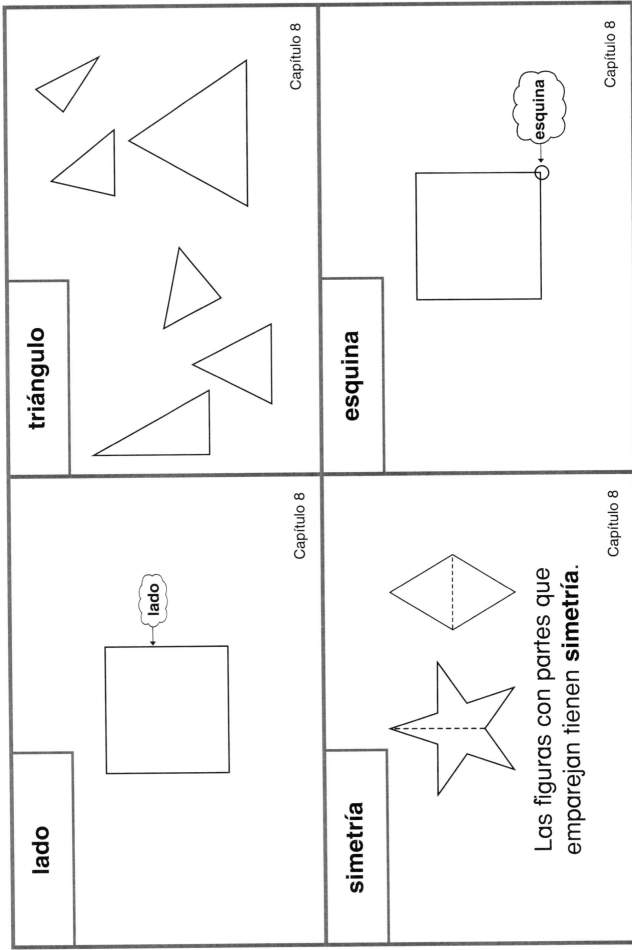

triángulo

esquina

esquina

lado

lado

simetría

Las figuras con partes que emparejan tienen **simetría**.

eje de simetría

figuras cerradas

figuras abiertas

adentro

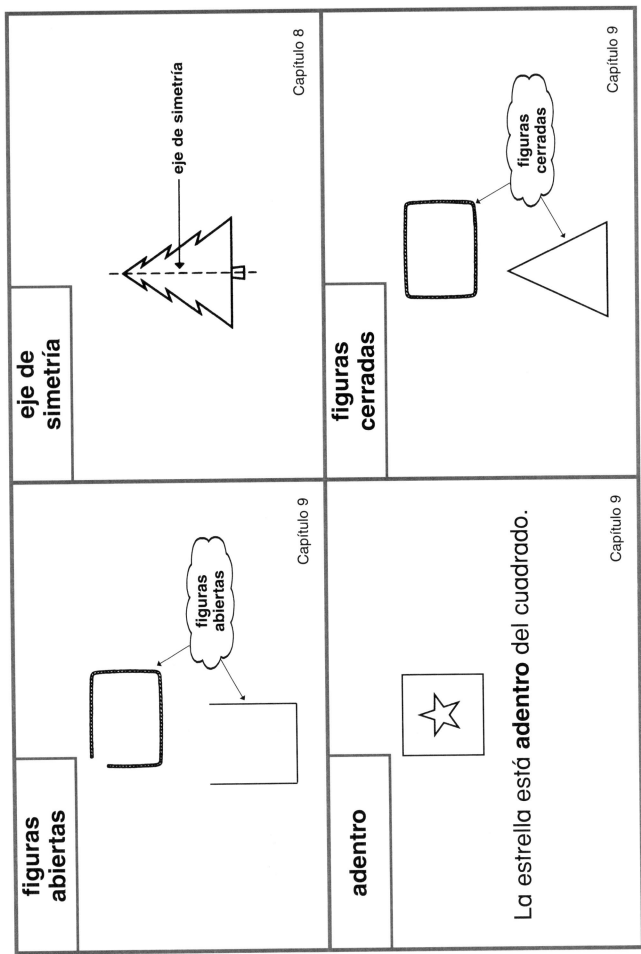

eje de simetría

eje de simetría

figuras cerradas

figuras cerradas

figuras abiertas

figuras abiertas

adentro

La estrella está **adentro** del cuadrado.

afuera

izquierda

sobre

derecha

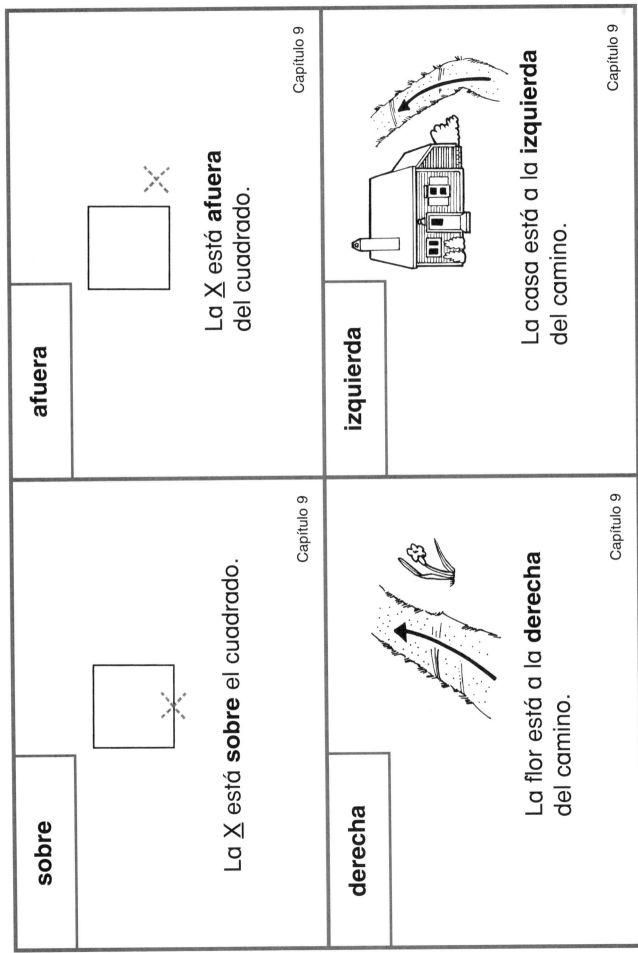

sobre

La X está **sobre** el cuadrado.

afuera

La X está **afuera** del cuadrado.

derecha

La flor está a la **derecha** del camino.

izquierda

La casa está a la **izquierda** del camino.

enunciado
numérico

patrón

diez

mayor

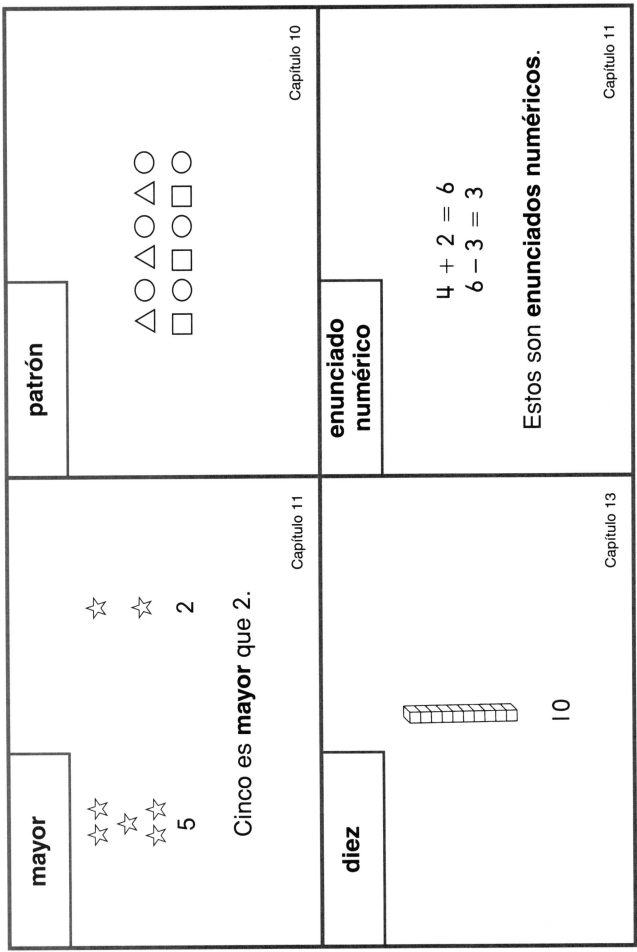

patrón

enunciado numérico

$4 + 2 = 6$

$6 - 3 = 3$

Estos son **enunciados numéricos.**

mayor

5

2

Cinco es **mayor** que 2.

diez

10

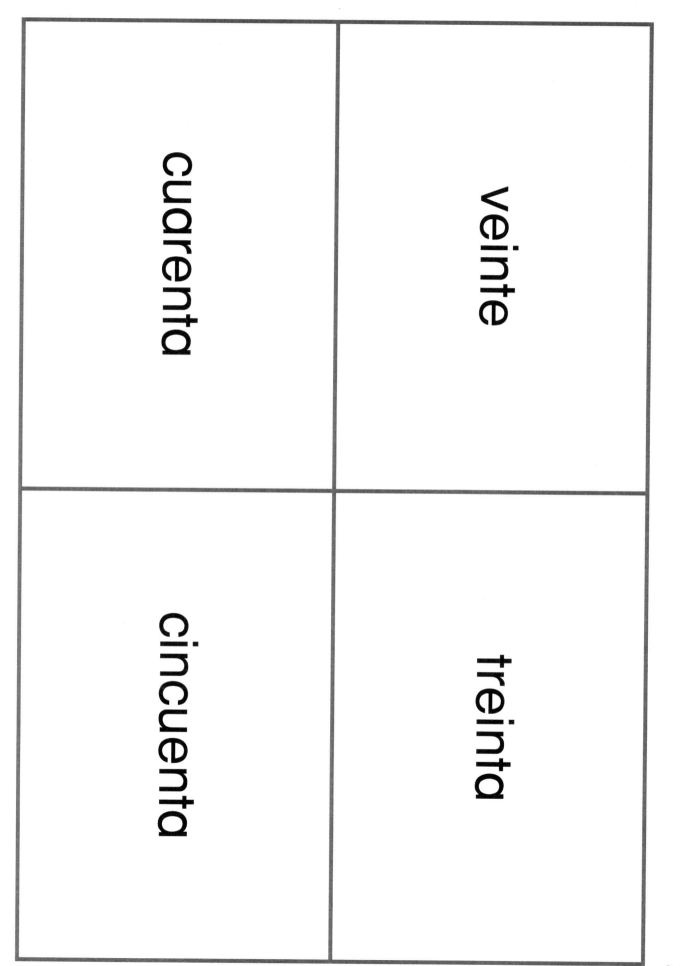

cuarenta

veinte

cincuenta

treinta

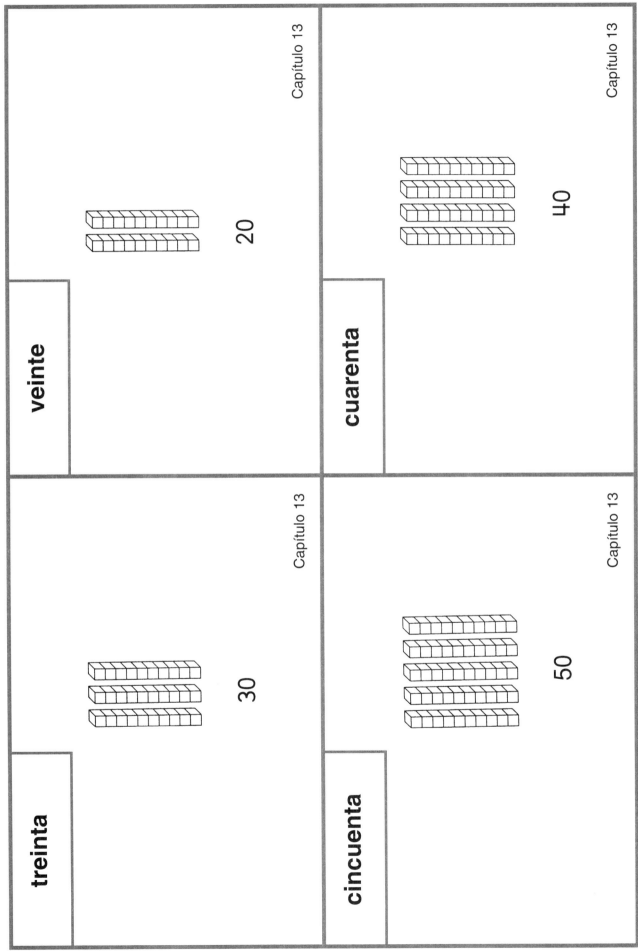

veinte

20

treinta

30

cuarenta

40

cincuenta

50

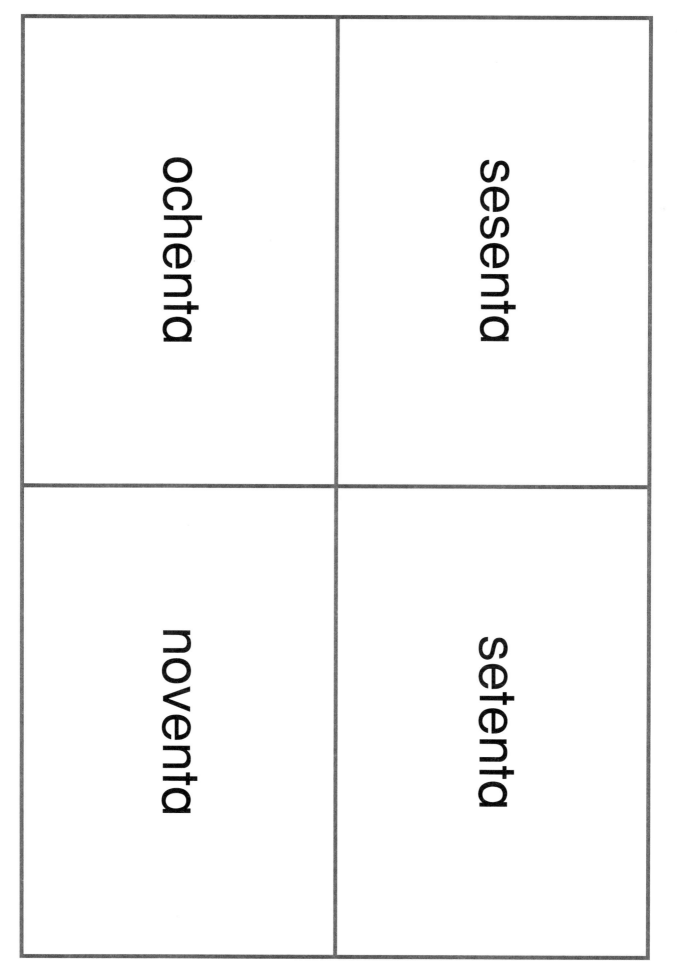

ochenta

sesenta

noventa

setenta

setenta

70

Capítulo 13

sesenta

60

Capítulo 13

noventa

90

Capítulo 13

ochenta

80

Capítulo 13

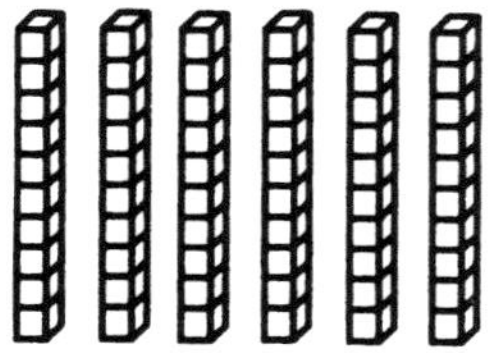

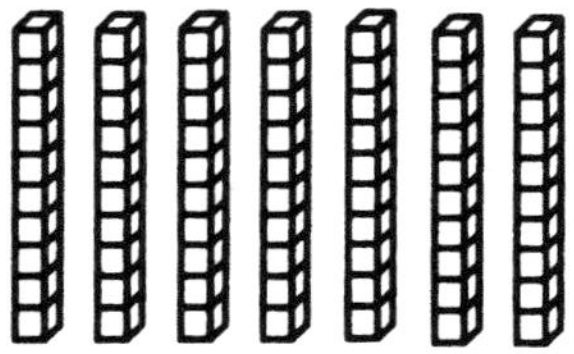

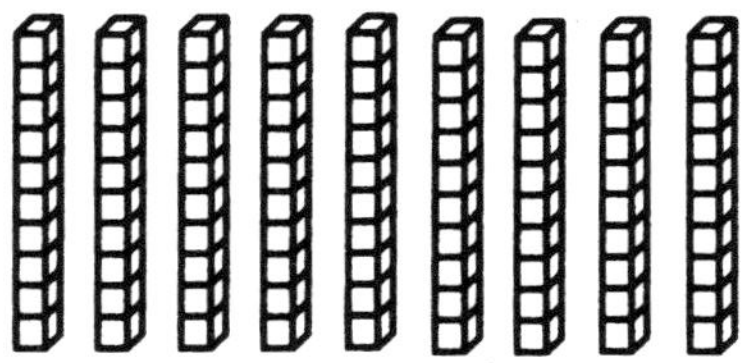

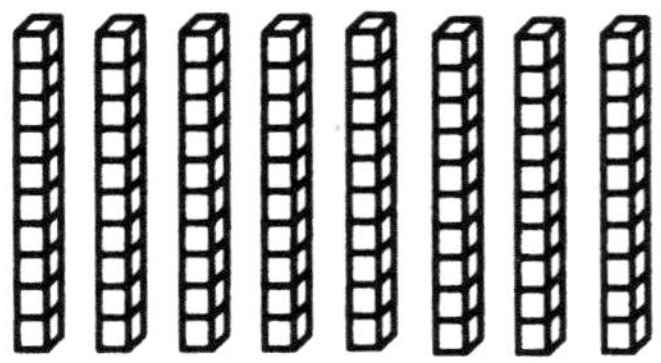

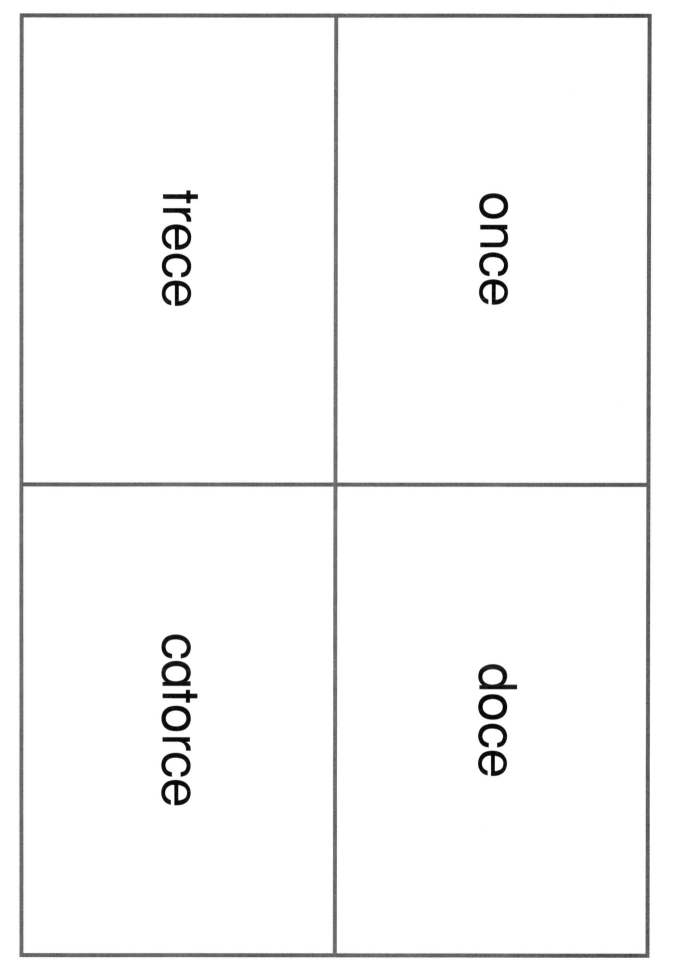

trece

once

catorce

doce

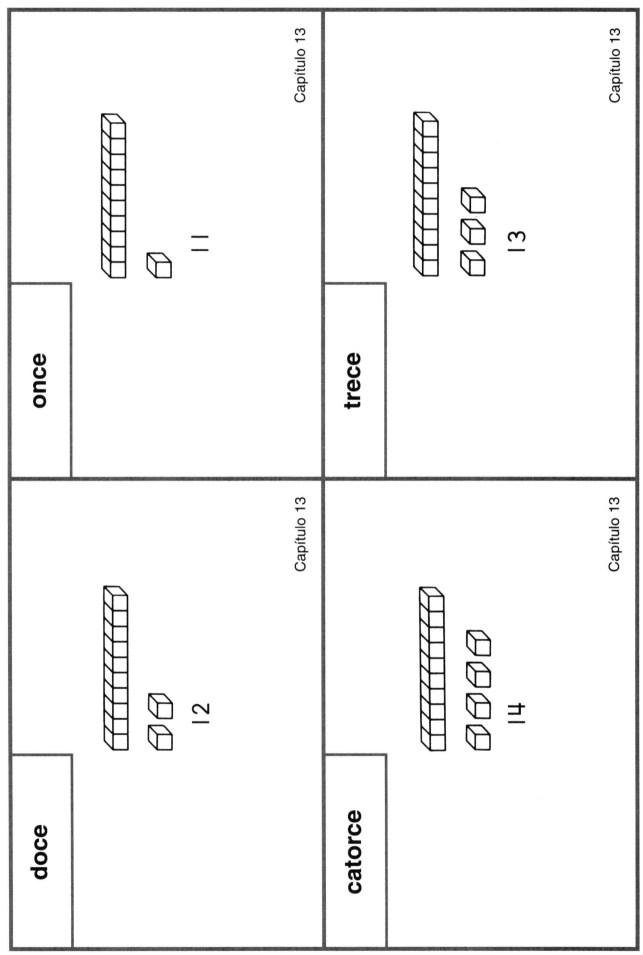

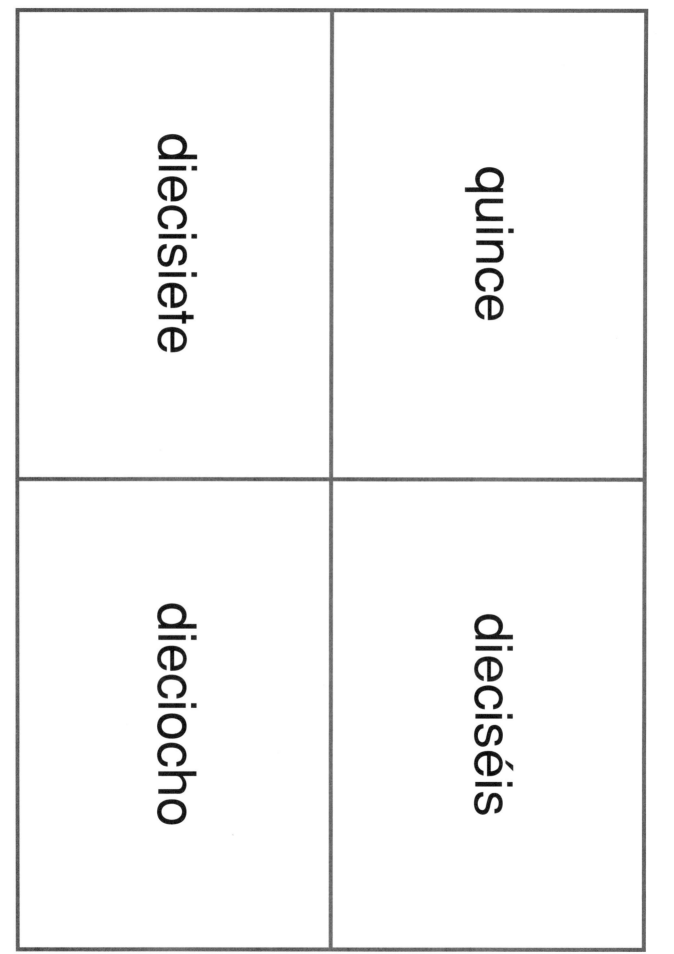

diecisiete

quince

dieciocho

dieciséis

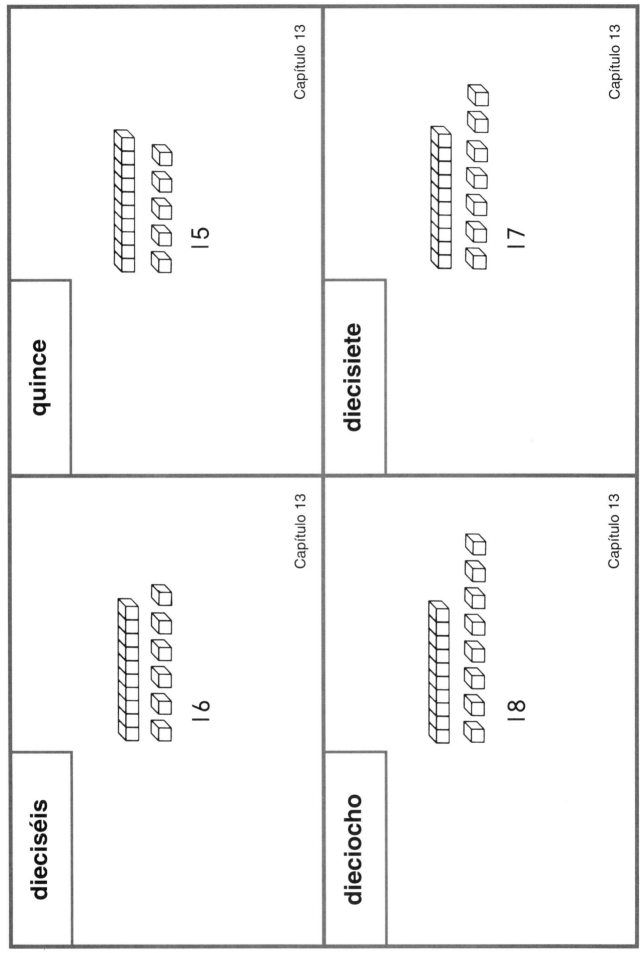

quince

15

diecisiete

17

dieciséis

16

dieciocho

18

diecinueve

primero
1º

estimar

segundo
2º

diecinueve

19

primero   1º

La mamá es la **primera** en la fila.

estimar

En vez de contar las nubes, **estimo** que hay aproximadamente 20.

segundo   2º

El **segundo** pez es negro.

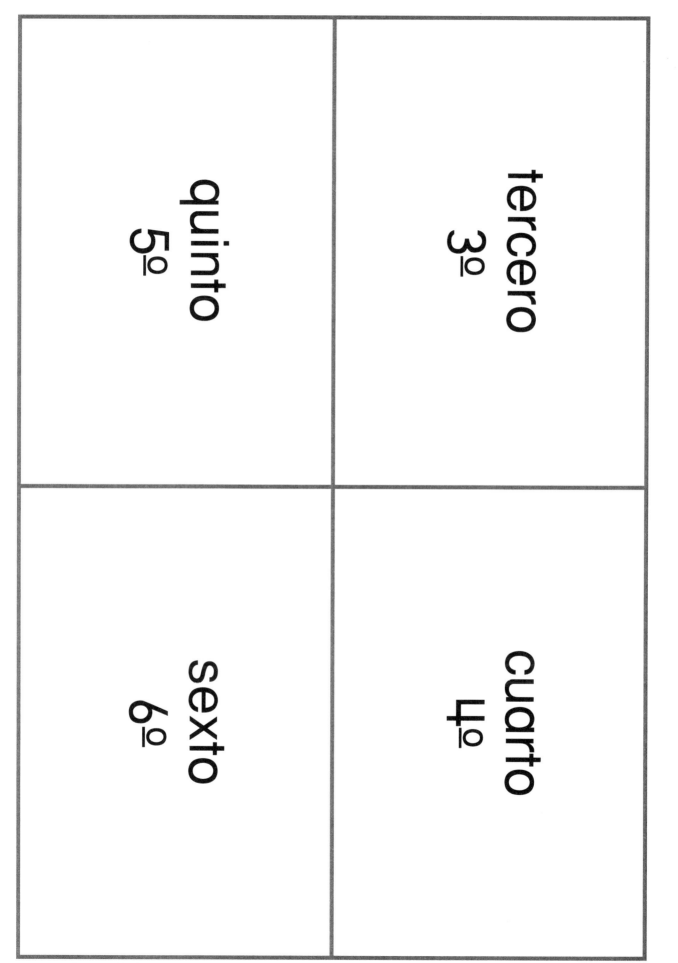

tercero
3º

quinto
5º

cuarto
4º

sexto
6º

tercero 3º

1 2 3 4 5 6 7 8 9 10

La **tercera** llave es negra.

cuarto 4º

El **cuarto** oso está en un círculo.

quinto 5º

El **quinto** cerdo está en un círculo.

sexto 6º

La **sexta** moneda de 1¢ está subrayada.

séptimo

7º

octavo

8º

noveno

9º

décimo

10º

séptimo 7º

1 2 3 4 5 6 7 8 9
☆ ☆ ☆ ☆ ☆ ☆ ☆ ☆ ☆

Ésta es la **séptima** estrella.

noveno 9º

1 2 3 4 5 6 7 8 9 10
☐ ☐ ☐ ☐ ☐ ☐ ☐ ☐ ■ ☐

El **noveno** cuadrado es negro.

octavo 8º

1 2 3 4 5 6 7 8 9 10 11 12
○ △ ○ △ ○ △ ▲ ○ ○ △ ○ △

La **octava** figura es
un triángulo negro.

décimo 10º

1 2 3 4 5 6 7 8 9 10 11
○ ○ ○ ○ ○ ○ ○ ○ ○ ● ○

Éste es el **décimo** círculo.

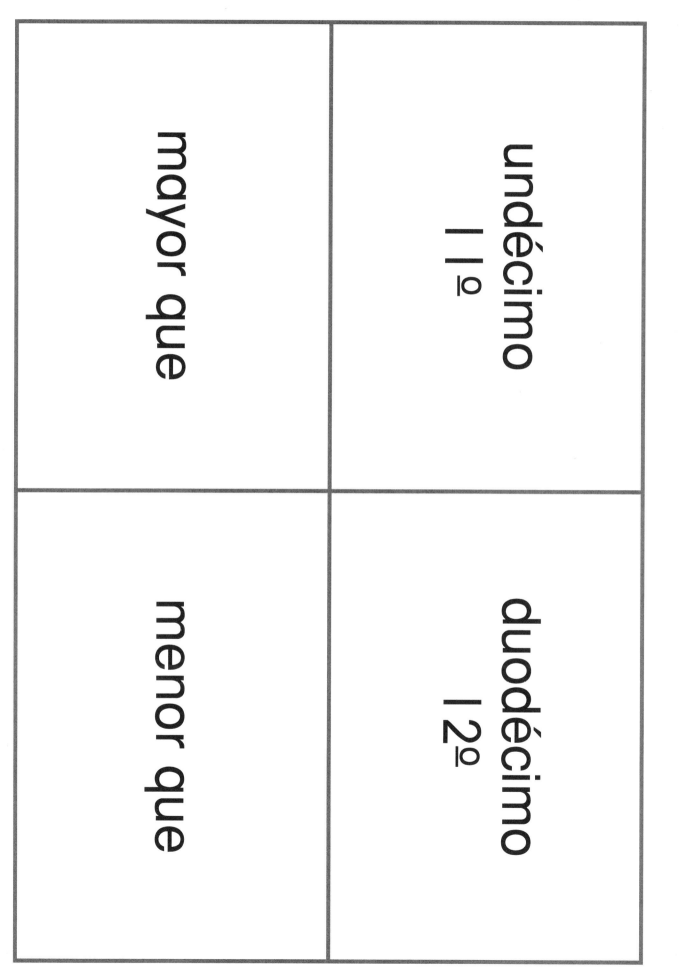

undécimo
11º

duodécimo
12º

mayor que

menor que

undécimo 11º

El **undécimo** perro es negro.

Capítulo 14

mayor que

5 es **mayor que** 3.

Capítulo 14

duodécimo 12º

La **duodécima** tortuga está subrayada.

Capítulo 14

menor que

3 es **menor que** 5.

Capítulo 14

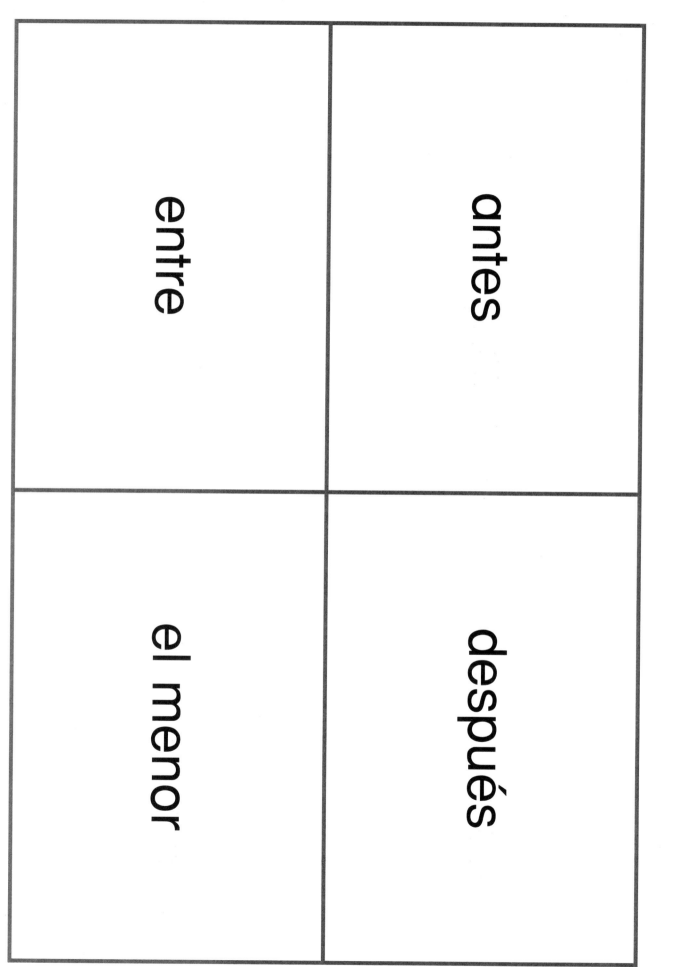

entre

antes

el menor

después

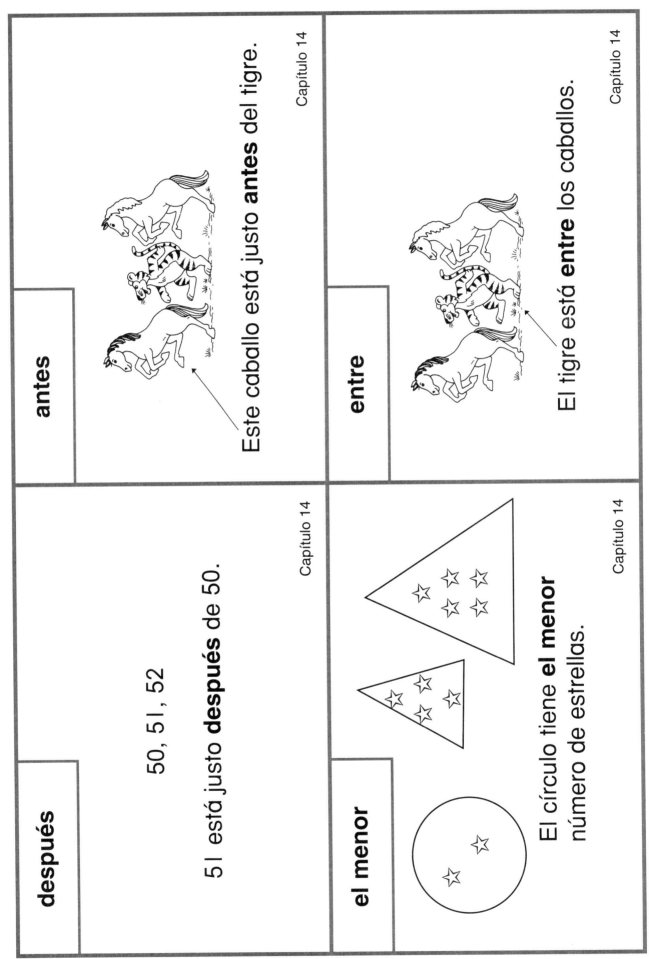

antes

Este caballo está justo **antes** del tigre.

entre

El tigre está **entre** los caballos.

después

50, 51, 52

51 está justo **después** de 50.

el menor

El círculo tiene **el menor** número de estrellas.

el mayor

par

impar

moneda de 5¢

el mayor

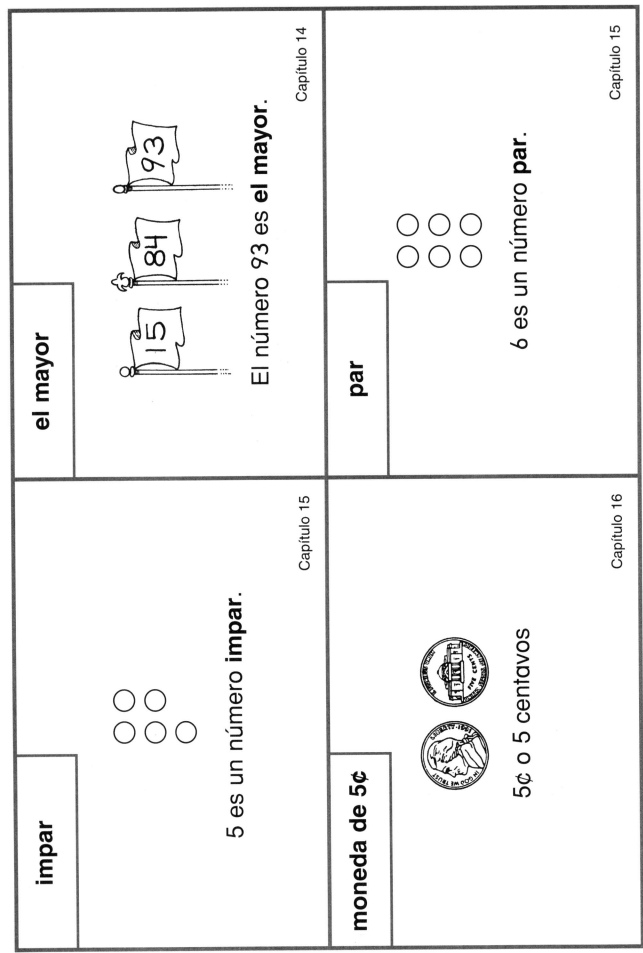

El número 93 es **el mayor**.

par

6 es un número **par**.

impar

5 es un número **impar**.

moneda de 5¢

5¢ o 5 centavos

moneda de 10¢

cambiar

la menor
cantidad

menos

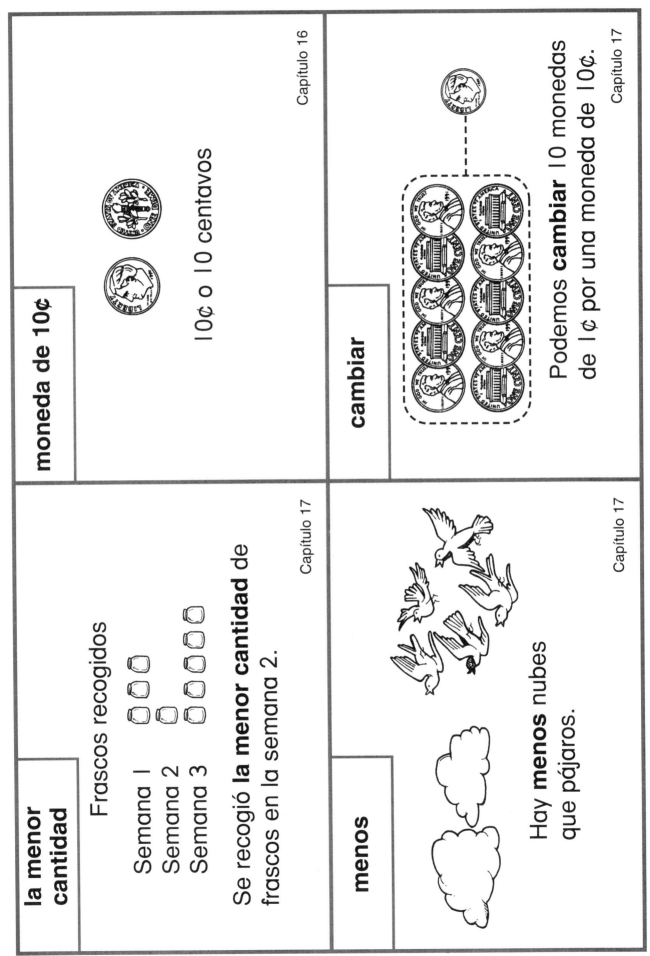

moneda de 10¢

10¢ o 10 centavos

Capítulo 16

cambiar

Podemos **cambiar** 10 monedas de 1¢ por una moneda de 10¢.

Capítulo 17

la menor cantidad

Frascos recogidos

Semana 1

Semana 2

Semana 3

Se recogió **la menor cantidad** de frascos en la semana 2.

Capítulo 17

menos

Hay **menos** nubes que pájaros.

Capítulo 17

moneda de 25¢

febrero

enero

marzo

moneda de 25¢

25¢ o 25 centavos

febrero

El segundo mes es **febrero.**

enero

El primer mes es **enero.**

marzo

El tercer mes es **marzo.**

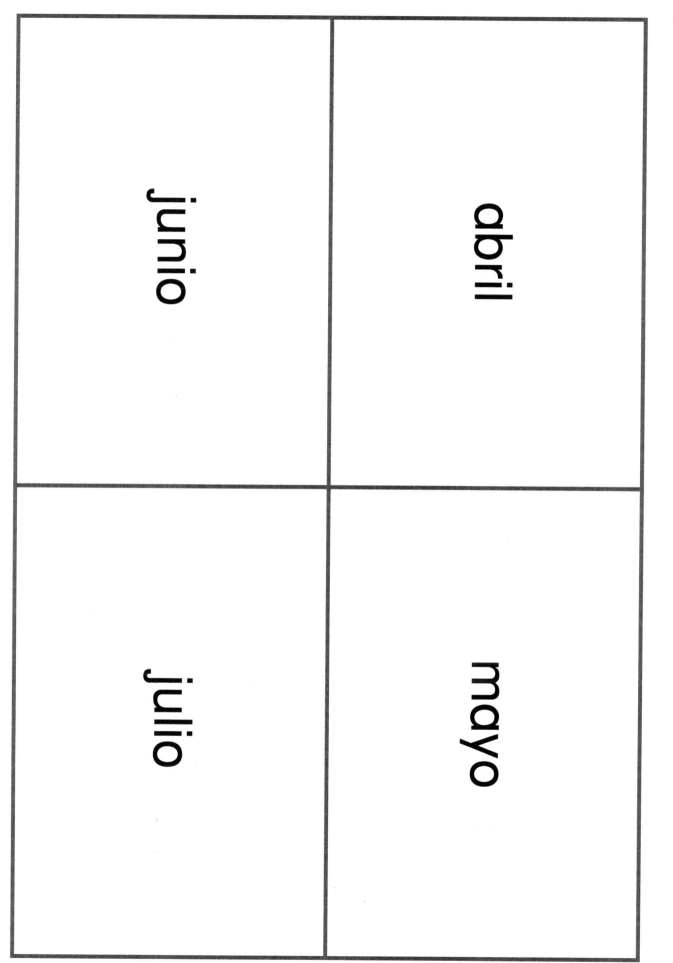

junio

abril

julio

mayo

abril

El cuarto mes es **abril**.

mayo

El quinto mes es **mayo**.

junio

El sexto mes es **junio**.

julio

El séptimo mes es **julio**.

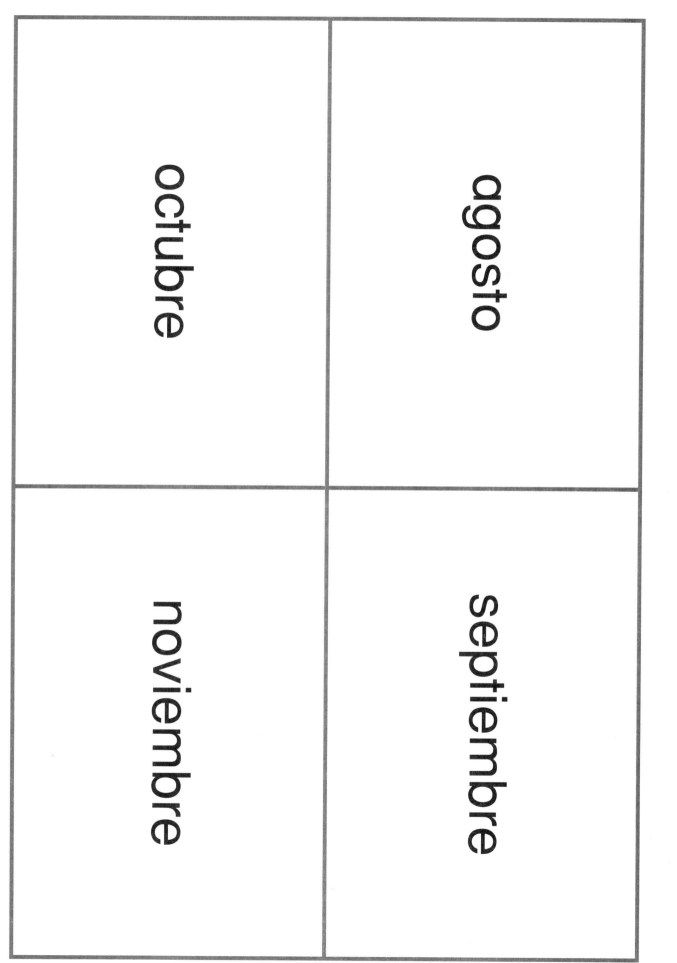

octubre

agosto

noviembre

septiembre

agosto

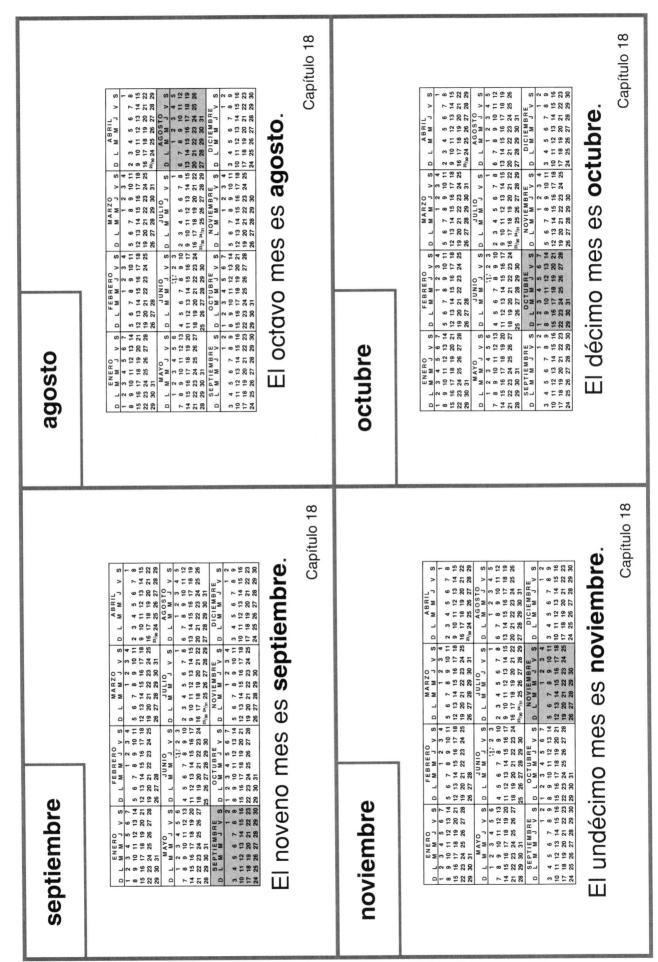

El octavo mes es **agosto.**

Capítulo 18

octubre

El décimo mes es **octubre.**

Capítulo 18

septiembre

El noveno mes es **septiembre.**

Capítulo 18

noviembre

El undécimo mes es **noviembre.**

Capítulo 18

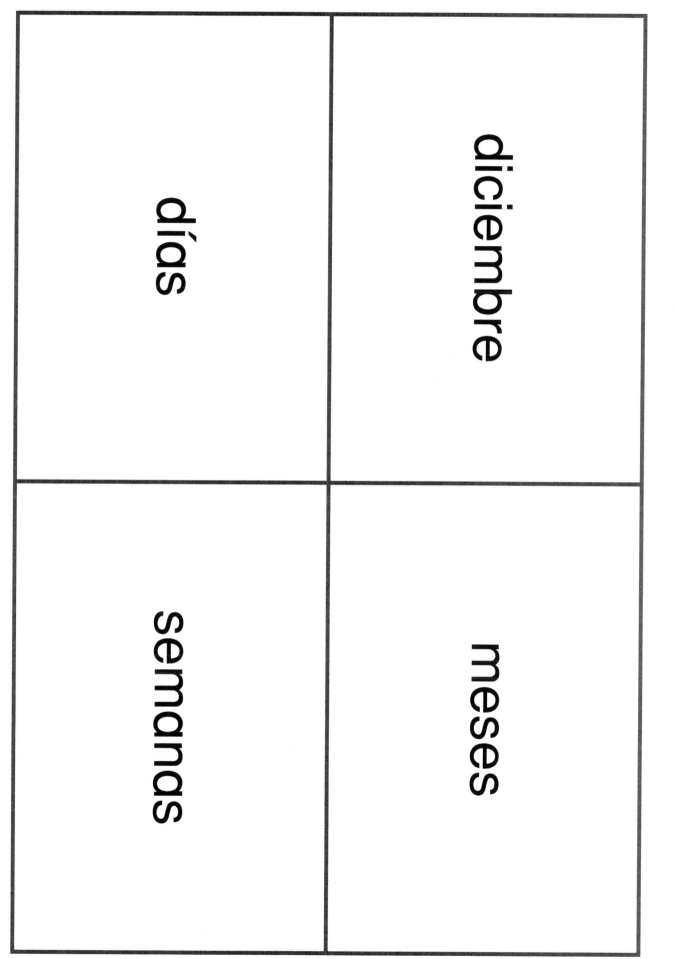

días

diciembre

semanas

meses

diciembre

El duodécimo mes es **diciembre**.

días

domingo lunes
martes miércoles
jueves viernes
sábado

Hay siete **días** en una semana.

meses

enero febrero
marzo abril
mayo junio
julio agosto
septiembre octubre
noviembre diciembre

Hay doce **meses** en un año.

semanas

Hay siete días en una **semana**.

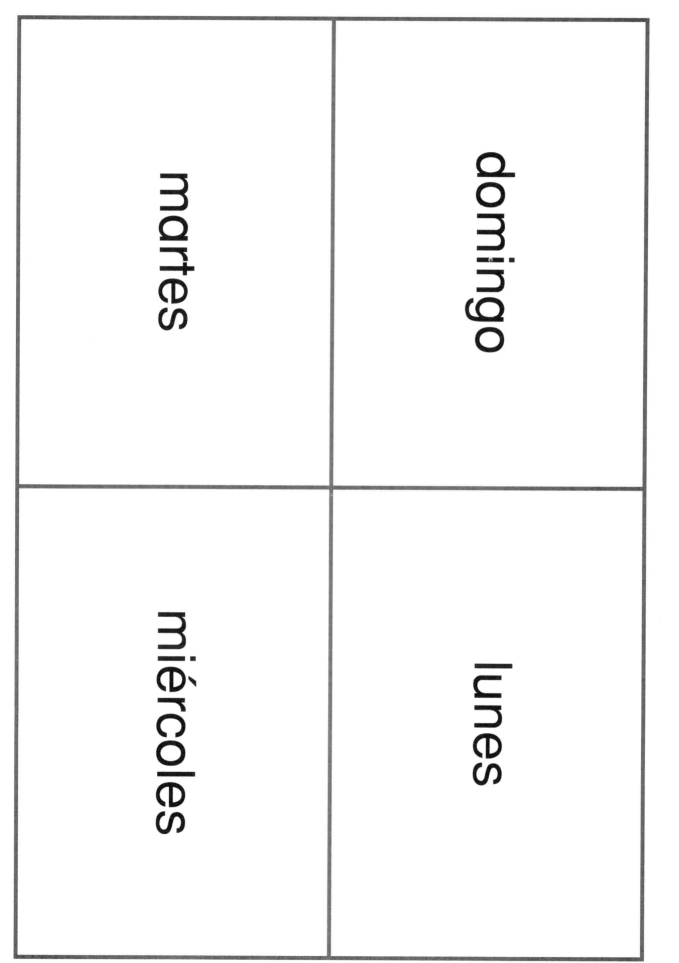

martes

domingo

miércoles

lunes

domingo

El **domingo** es el primer día de la semana.

martes

El **martes** es el tercer día de la semana.

lunes

El **lunes** es el segundo día de la semana.

miércoles

El **miércoles** es el cuarto día de la semana.

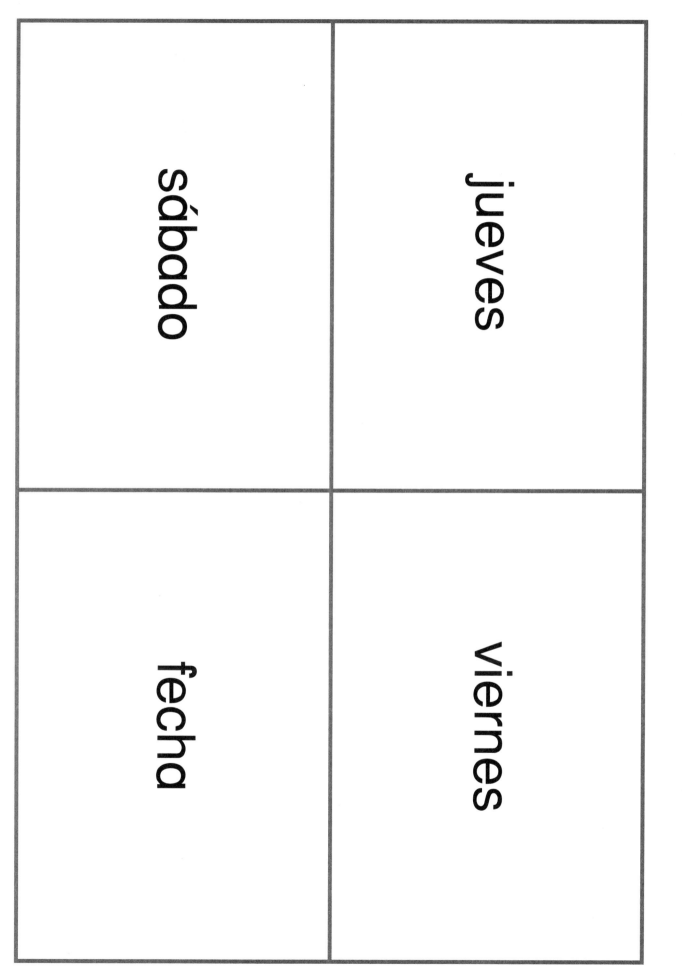

sábado

jueves

fecha

viernes

jueves

El **jueves** es el quinto día de la semana.

Capítulo 18

sábado

El **sábado** es el séptimo día de la semana.

Capítulo 18

viernes

El **viernes** es el sexto día de la semana.

Capítulo 18

fecha

Tres **fechas** están marcadas con un círculo.

Capítulo 18

V60 **Recursos de enseñanza**

Tarjetas de vocabulario

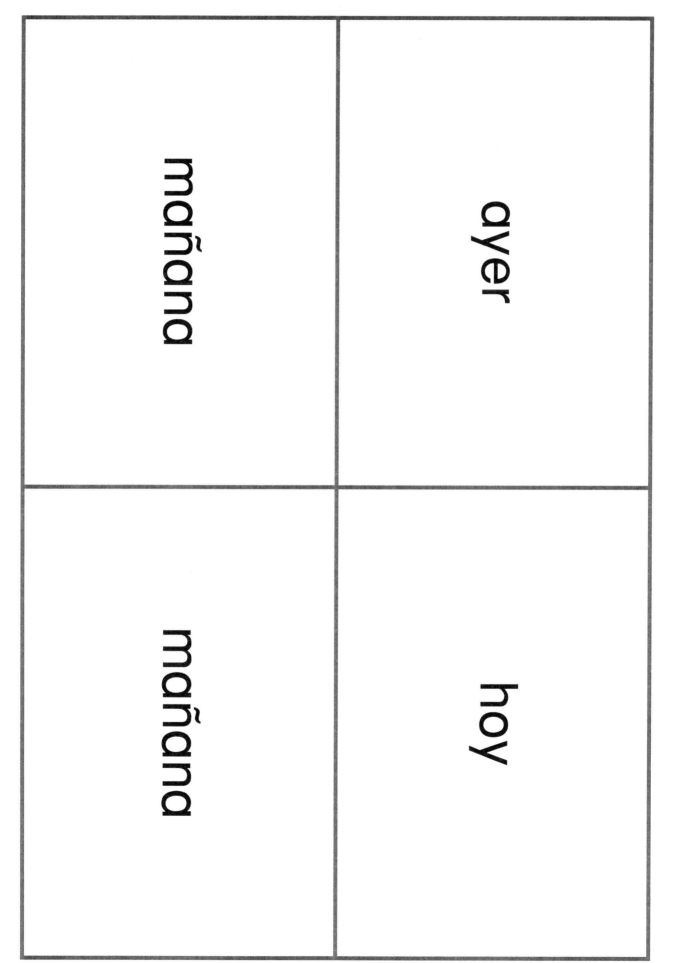

ayer

mañana

hoy

mañana

ayer El día antes de hoy es **ayer**. Capítulo 18	**mañana** El día después de hoy es **mañana**. Capítulo 18
hoy **Hoy** es el día actual. Capítulo 18	**mañana** El sol sale por la **mañana**. Capítulo 18

más largo

tarde

más corto

noche

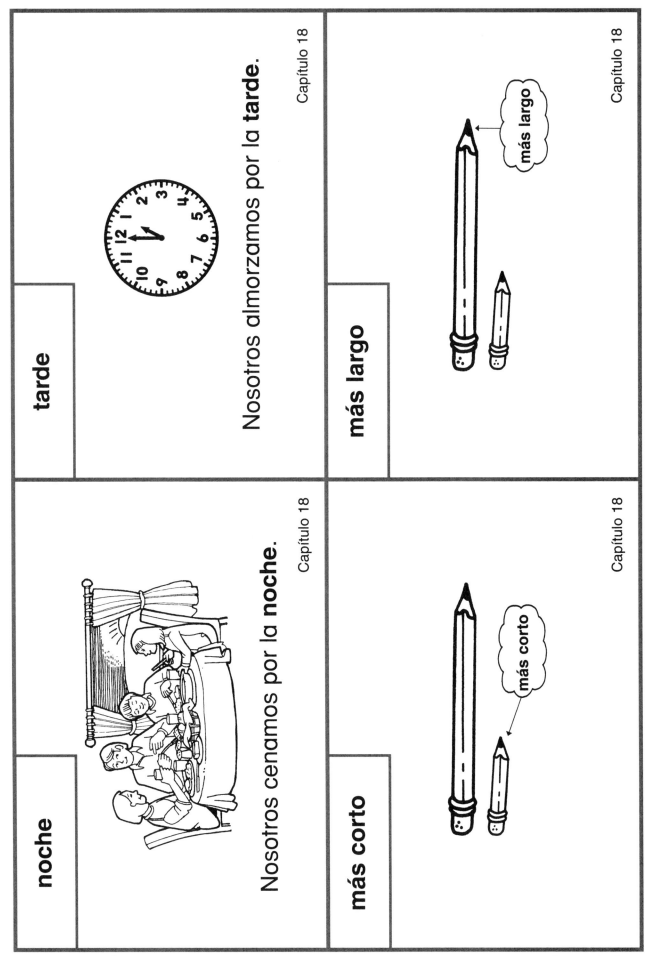

tarde

Nosotros almorzamos por la **tarde.**

más largo

más largo

Capítulo 18

noche

Nosotros cenamos por la **noche.**

Capítulo 18

más corto

más corto

Capítulo 18

minutero

en punto

horario

hora

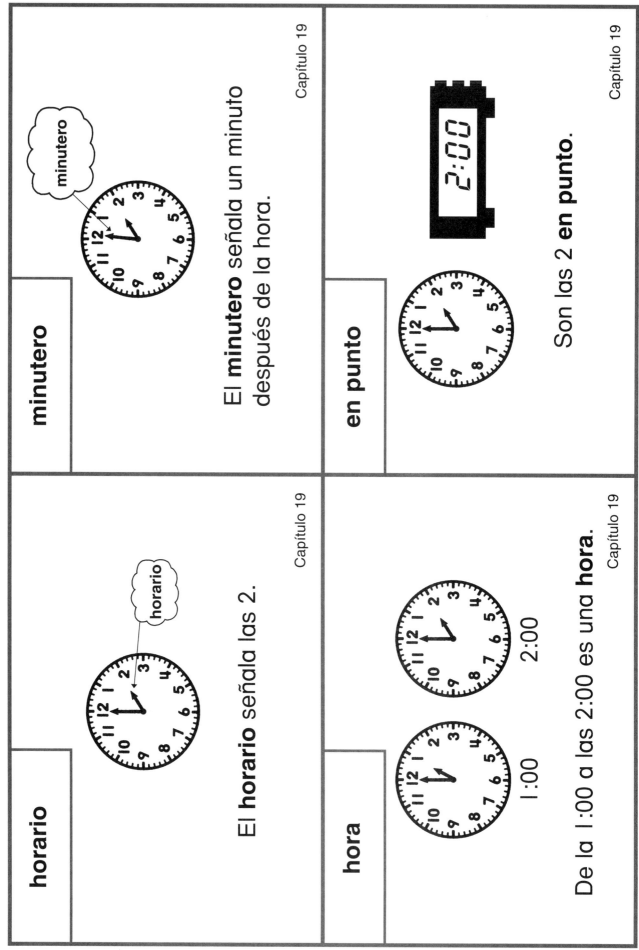

horario

El **horario** señala las 2.

minutero

El **minutero** señala un minuto después de la hora.

hora

1:00   2:00

De la 1:00 a las 2:00 es una **hora**.

en punto

2:00

Son las 2 **en punto**.

media hora

treinta minutos después

el más largo

el más corto

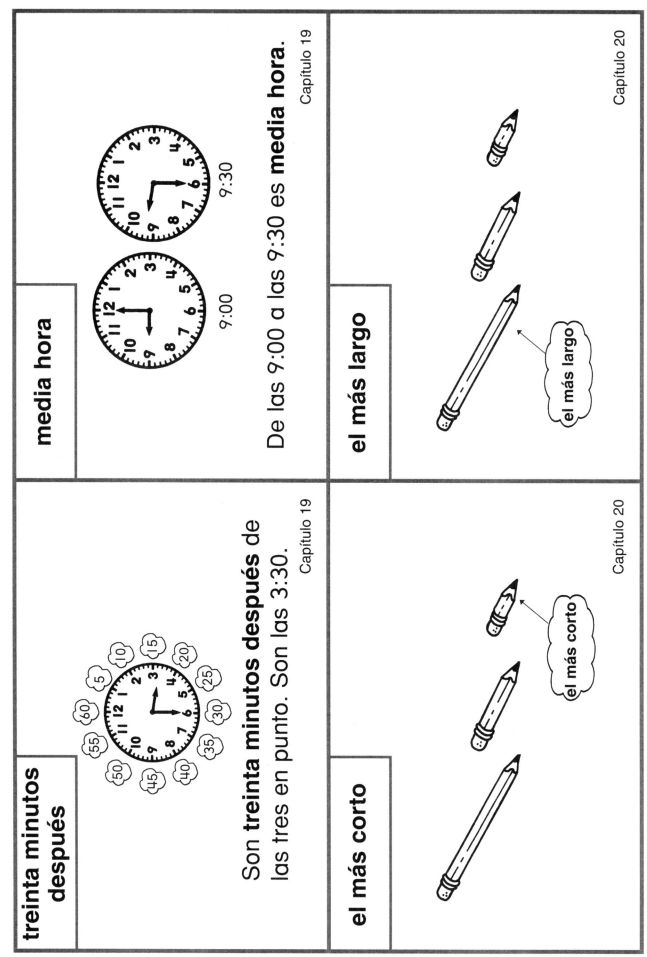

media hora

9:00   9:30

De las 9:00 a las 9:30 es **media hora**.

treinta minutos
después

Son **treinta minutos después** de las tres en punto. Son las 3:30.

el más largo

el más largo

el más corto

el más corto

más pesado	pulgada
más liviano	centímetro

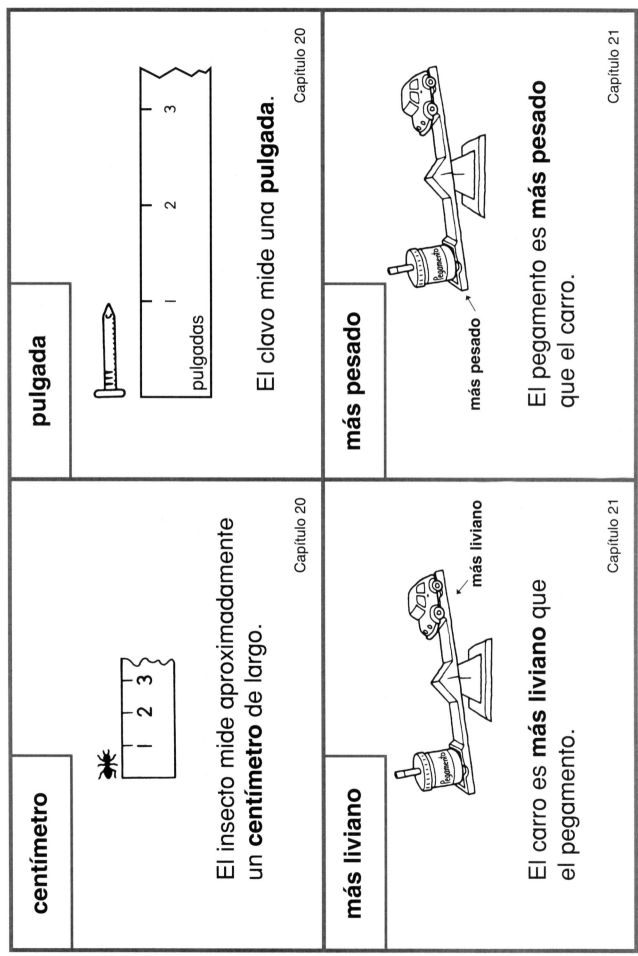

pulgada

pulgadas

El clavo mide una **pulgada**.

Capítulo 20

centímetro

El insecto mide aproximadamente un **centímetro** de largo.

Capítulo 20

más pesado

más pesado

El pegamento es **más pesado** que el carro.

Capítulo 21

más liviano

más liviano

El carro es **más liviano** que el pegamento.

Capítulo 21

masa

partes iguales

medida

mitades
un medio
$\dfrac{1}{2}$

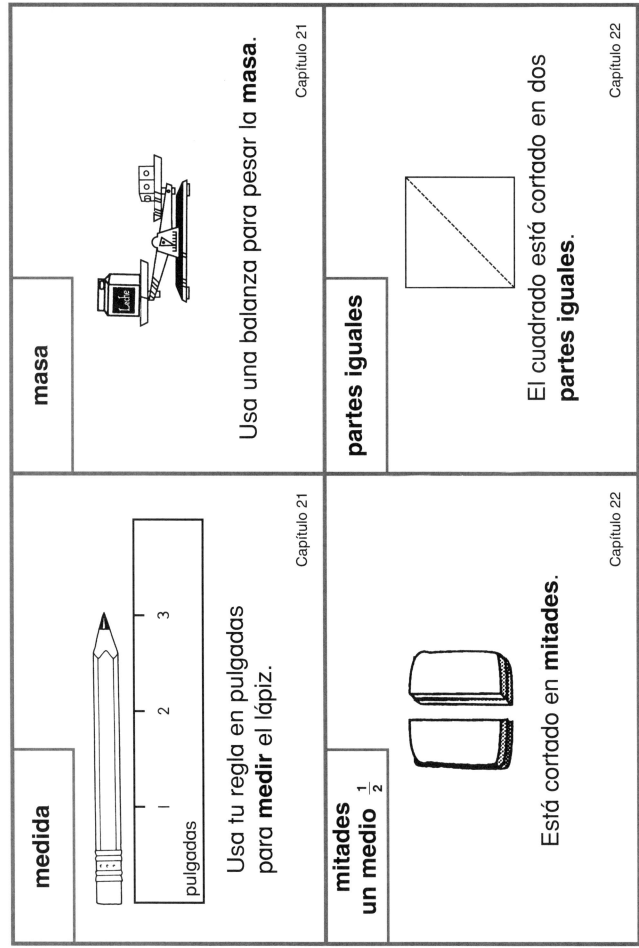

masa

Usa una balanza para pesar la **masa**.

Capítulo 21

partes iguales

El cuadrado está cortado en dos **partes iguales**.

Capítulo 22

medida

pulgadas

Usa tu regla en pulgadas para **medir** el lápiz.

Capítulo 21

mitades
un medio $\frac{1}{2}$

Está cortado en **mitades**.

Capítulo 22

cuartos
un cuarto

$$\frac{1}{4}$$

clasificar

tercios
un tercio

$$\frac{1}{3}$$

marcas

cuartos
un cuarto $\frac{1}{4}$

El cuadrado tiene 4 partes iguales.
Ellas se llaman **cuartos**.

tercios
un tercio $\frac{1}{3}$

El rectángulo está dividido en
tercios. Tiene 3 partes iguales.

clasificar

Podemos **clasificar** las frutas
y las verduras en cajas.

marcas

Haz **marcas** para mostrar
cuántas verduras hay.

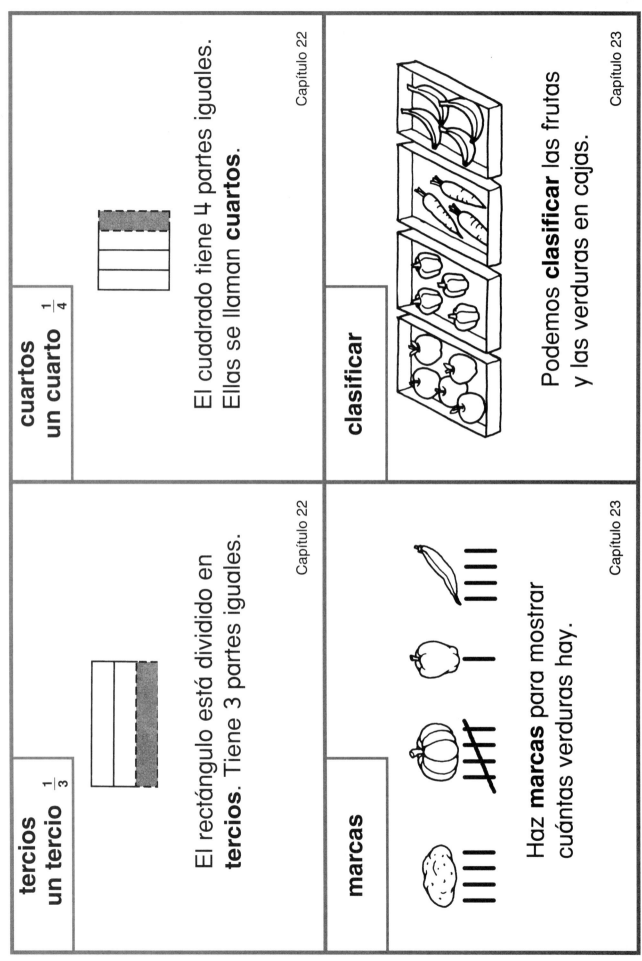

el más
probable

seguro

gráfica con dibujos

imposible

seguro

Si un objeto se escogiera de la caja, es **seguro** que se escogería un círculo, un cuadrado o un triángulo.

el más probable

Un círculo es **el más probable** de ser escogido de la caja.

imposible

Es **imposible** escoger un triángulo de la caja.

gráfica con dibujos

Libros que hemos leído

	0	1	2	3	4	5	6
George							
Mary							
Luis							
Suki							

gráfica
de barras

dobles
menos uno

dobles
más uno

dobles
grupos iguales

gráfica de barras

Cuentos favoritos

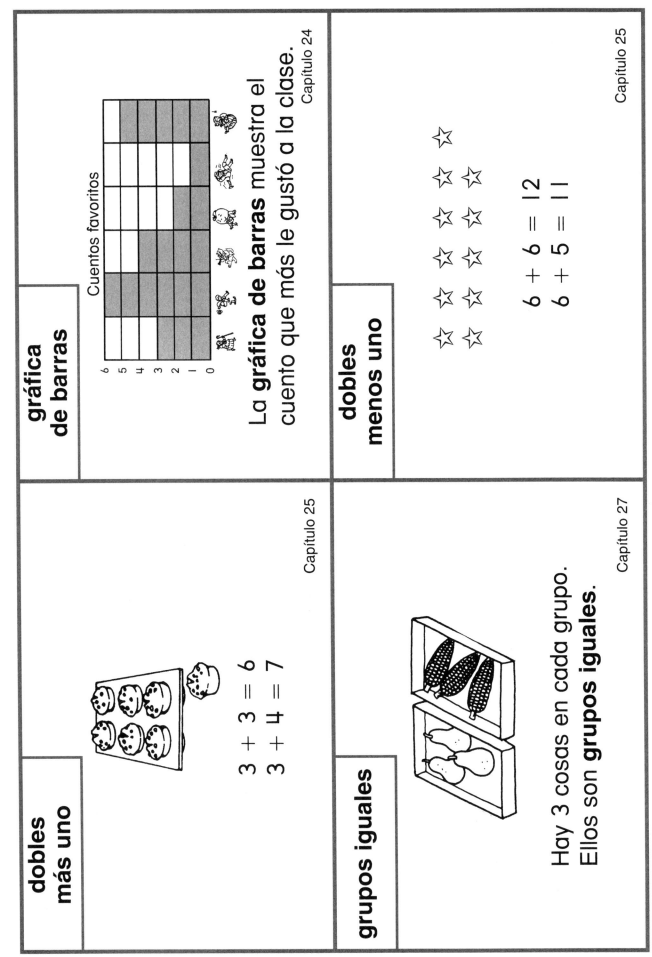

La **gráfica de barras** muestra el cuento que más le gustó a la clase.

Capítulo 24

dobles menos uno

$6 + 6 = 12$
$6 + 5 = 11$

Capítulo 25

dobles más uno

$3 + 3 = 6$
$3 + 4 = 7$

Capítulo 25

grupos iguales

Hay 3 cosas en cada grupo. Ellos son **grupos iguales**.

Capítulo 27

Tarjetas de vocabulario